耕读文库

法治民生系列丛书
中国劳动保障科学研究院

U0963605

# 体面劳动
# 和谐劳动关系


张新民　张照新◎总主编
孙树志◎主编　周建文◎编著



中国民主法制出版社
2016年·北京

图书在版编目 (CIP) 数据

体面劳动：和谐劳动关系 / 周建文编著. — 北京：中国民主法制出版社，2016.1

（法治民生系列丛书 / 张新民，张照新总主编）

ISBN 978-7-5162-1093-2

I. ①体… II. ①周… III. ①劳动关系 – 中国 – 解答 IV. ① F249.26-44

中国版本图书馆 CIP 数据核字 (2015) 第 322549 号

**图书出品人** / 刘海涛
**出 版 统 筹** / 赵卜慧
**责 任 编 辑** / 刘春雨

---

**书名** / 体面劳动：和谐劳动关系
**作者** / 周建文 编著

---

**出版 · 发行** / 中国民主法制出版社
**地址** / 北京市丰台区右安门外玉林里 7 号（100069）
**电话** / 010-63292534 63057714（发行中心） 63055259（总编室）
**传真** / 010-63292534
**Http:** //www.npcpub.com
**E-mail:** mzfz@npcpub.com
**经销** / 新华书店
**开本** / 32 开 889 毫米 ×1194 毫米
**印张** / 6.5
**字数** / 133 千字
**版本** / 2016 年 7 月第 1 版 2016 年 7 月第 1 次印刷
**印刷** / 三河市航远印刷有限公司

---

**书号** / ISBN 978-7-5162-1093-2
**定价** / 18.00 元

# 序

所谓民生，是指民众的基本生存和生活状态，以及民众的基本发展机会、基本发展能力和基本权益保护的状况。也可以说，民生就是与实现民众的生存权利和发展权利有关的全部需求。所谓改善民生，就是促进民众的就业，增加民众的收入，增进民众的福祉，让民众有幸福感和获得感。

习近平总书记多次提到，实现好、维护好、发展好最广大人民根本利益是发展的根本目的，必须把增进人民福祉、促进人的全面发展作为发展的出发点和落脚点。

到 2020 年全面建成小康社会，是我们党确定的“两个一百年”奋斗目标的第一个百年奋斗目标，也是我们党作出的庄严承诺。党的十八届五中全会对全面建成小康社会决胜阶段目标任务作出了全面部署，提出了新的要求。当前，距离实现“第一个百年目标”的时间节点只有五年时间。这意味着，“十三五”期间，就是冲刺收官阶段。

当前，改善民生、增进人民福祉，有很多的事情要做：加快教育、就业、收入分配、社保、医疗卫生、食品安全等民生领域工作步伐，让民众能更多、更公平、更实在地共享改革发展成果；加快集约、高效、安全、持续的“农业现代化”建设步伐，让农民尽快富起来；按照精准扶贫、精准脱贫要求，用一套政策组合拳，确保在既定时间节点打赢扶贫开发攻坚战；扎实推进生态环境保护和生态文明建设，让良好生态环境成为人民生活质量的增长点，成为展现我国良好形象的发力点。

上述这些事情，也是民众，无论是城里人，还是农村人，最为关切的。为什么呢？这是因为，教育是改变民众自身和家庭命运最有效的途径和最广阔的平台，所以，为了改变命运，他们需要教育；就业是民生之本，对于民众来说，不能就业，生计就会出现问题；收入分配是社会公平公正的标杆，干活不给钱或少给钱，都会影响民心、影响生产、影响社会稳定；社保是解除民众顾虑之依托，有了社保，百姓就被装进“保险箱”，没有社保，生老病死、伤残、失业等后顾之忧就无法解除；医疗卫生、食品安全，也都是民众关心的热门问题，特别是随着人民生活水平的提高，其受关注的程度也越来越高；农业现代化是农民致富的源泉；精准扶贫是贫困群众摆脱贫穷的唯一途径；民众谁都不愿意长期生活在雾霾之中，须关心建设生态文明。

应该说，党和政府非常重视民生工作，出台了一系列法律法规和政策措施。但民生领域的多样性，导致现实生活中民生问题依然很多，民众在民生维权的道路上依然充满荆棘和曲折。长期以来，我国教育投入不足、农村义务教育落后、农民工子弟上学难，这些问题让农民家长们发愁，让农村孩子们不能无忧无虑地读书。目前我国仍处于劳动关系矛盾高发期和凸显期。劳动者，特别是农民在现实中权益受损害的现象较为普遍。一些企业特别是私营、个体企业不与职工签订劳动合同的现象比较普遍，劳动合同短期化、难续签的问题比较突出，一些企业还存在随意变更、解除和终止劳动合同的现象。一些企业侵犯职工的劳动报酬权，任意克扣和拖欠职工工资，侵犯职工的休息休假权，任意加班加点，延长工作时间，且不依法支付加班工资。一些企业不依法参加社会保险，逃避或少缴社会保险费，侵犯职工社会保险权益。一些企业不按规定为劳动者提供必要的劳动保护条件，劳动环境和工作条件恶劣，职业危害和安全事故时有发生。在医疗卫生方面，看病难、看病贵等问题严重影响人民的身体健康；在食品安全方面，假冒伪劣和有毒有害食品时刻威胁着民众的生命安全；生态环境每况愈下，雾霾警报不断升级，时刻刺激民众的神经。

如何引导民众共享民生发展成果？首先应该让他们学会依法维护自己的民生权益。党的十八届四中全会后，依法治国已上升到治国理政的国策地位。民众维护自己的权益，应该依法进行。但民生问题包括的范围广，涉及的内容多，政策性极强，而新政策又源源不断出台。民生领域的许多法律政策内行人尚且是雾里看花，外行人就更加难懂。为更好地帮助广大读者全面了解民生领域各项法律法规和政策措施，让广大民众更多地了解相关法律政策，更好地维护自身的合法权益，中国民主法制出版社与人力资源和社会保障部、农业部相关部门合作，就劳动保障和农业中涉及的有关民生问题，组织长期在劳动保障和农业部门工作的专业人员和理论工作者，编写了一套法治民生系列丛书。该丛书共18种。具体包括《民生之本：就业》《职业通衢：职业技能开发与培训》《体面劳动：和谐劳动关系》《劳有所得：企业工资分配》《和谐有方：劳动争议调解仲裁》《维权立盾：劳动保障监察》《老有所养：养老保险》《病有所医：医疗保险》《失有所助：失业保险》《伤有所救：工伤保险》《助益养老：企业年金》《控险之网：社会保险基金监督》《幸福之源：农民增收致富》《合作共赢：农民专业合作社》《困有所助：农村减贫》《自力之路：培育新型农业规模经营主体》《民以食为天：粮食生产与粮食安全》《居有其所：美丽乡村建设》等。

本丛书的最突出特点，一是全面系统。丛书基本涵盖了劳动保障和农业工作中民生方面现行的主要法律法规和政策，同时还介绍了相关基本知识和业务流程。二是针对性和操作性强。丛书采取问题解答式的写作方式，一问一答。问题基本都是实践中遇到的，所有解答既以法律政策为依据，又参考了地方实践经验。三是通俗易懂。作为普及性的读物，丛书力求以通俗易懂的语言解答人们普遍关心的劳动保障和农业领域热点难点民生问题。四是适用性广。丛书的适用人群就是广大关心自己民生权益，希望保护自己权益的劳动者，特别是那些民生权益正在受到损害或曾经受到损害的劳动者。丛书也可以满足从事劳动保障和农业业务的干部职工，帮助他们学习掌握基础理论知识、提升业务工作能力。同时，丛书还为那些关心劳动保障和农业事业的其他部门工作人员、理论工作者、在校学生等广大读者提供了一个全面了解劳动保障和农业相关业务及政策的窗口。希望本丛书能够满足广大读者的需要。

张新民

2016 年 5 月

# 目 录

## 第一编 基础知识


什么是劳动关系？ 002
什么是劳动关系的三要素？ 002
劳动关系具有哪些法律特征？ 002
劳动关系有哪些类型？ 003
劳动关系建立的标志是什么？ 003
西方国家劳动关系经历了哪些发展过程？ 004
改革开放以来影响我国劳动关系的重大事件有哪些？ 005
当前我国劳动关系的主要特点是什么？ 006
什么是劳动合同？ 007
劳动合同分为哪几种类型？ 008
劳动合同具有哪些特征？ 008
劳动合同有哪些作用？ 009
为什么要制定出台劳动合同法？ 010
劳动合同法具有哪些重要意义？ 011
劳动合同法遵循了什么样的立法原则？ 012
劳动合同法有哪些主要特点？ 015
无固定期限劳动合同是否是“铁饭碗”？ 021
劳动合同法是否大幅增加了用人单位的用工成本？ 022

实施劳动合同法对投资环境和就业是否会产生负面影响？ 023
为什么制定劳动合同法实施条例？ 023
劳动合同法实施条例的出台起到了哪些作用？ 024
制定劳动合同法实施条例遵循了哪些基本原则？ 024
劳动合同法实施条例的主要内容是什么？ 025
为什么要修改劳动合同法？ 028
修改劳动合同法的原则是什么？ 029
劳动合同法修改的主要内容是什么？ 029
制定《劳务派遣暂行规定》的背景及意义是什么？ 032
《劳务派遣暂行规定》主要内容有哪些？ 032

第二编 劳动合同的订立
订立劳动合同的原则是什么？ 034
订立劳动合同有哪些形式？ 034
用人单位应在什么时候与劳动者签订劳动合同？ 035
对已用工未同时订立书面劳动合同的，为什么要给予 1 个月的宽限？ 035
先订立书面劳动合同后用工的，劳动关系从何时算？ 036
对不订立书面劳动合同的用人单位如何处置？ 036
用人单位向劳动者支付两倍工资的时间从什么时候算起？ 036
订立劳动合同需要经过哪些程序？ 037
什么是劳动合同必备条款？ 037
劳动合同包括哪些必备条款？ 037
为什么要把用人单位名称和劳动者姓名等作为劳动合同必备条款？ 038
为什么要把劳动合同期限作为劳动合同必备条款？ 038

为什么要把工作内容和工作地点作为劳动合同必备条款？ 038
劳动合同可以有哪些约定条款？ 038
与劳动法相比，劳动合同法规定的劳动合同必备条款删除了哪些内容？ 039
哪些用人单位必须与劳动者签订劳动合同？ 039
什么是民办非企业单位？ 040
事业单位在编制外招用劳动者，必须签订劳动合同吗？ 040
会计师事务所、律师事务所、基金会是否属于劳动合同法规定的用人单位？ 040
用人单位分支机构能否作为用工主体与劳动者订立劳动合同？ 041
依法取得营业执照或者登记证书的分支机构，如何与劳动者订立劳动合同？ 041
未依法取得营业执照或者登记证书的分支机构，如何与劳动者订立劳动合同？ 041
用人单位招用在校学生是否需要签订劳动合同？ 042
用人单位招用自主择业退伍军人是否需要签订劳动合同？ 043
居委会、村委会招用劳动者是否需要签订劳动合同？ 043
寺庙、道观与和尚、道士是否需要签订劳动合同？ 044
法定代表人、董事长、经理、董事、监事如何签订劳动合同？ 044
企业党委书记、工会主席如何签订劳动合同？ 045
如何与内退人员签订劳动合同？ 045
没有取得营业执照的法人在筹备期间，能否作为用人单位与劳动者签订劳动合同？ 046

外国企业驻中国代表机构、大使馆、国际组织招用劳动者是否需要签订劳动合同？ 046
劳动者不愿签订劳动合同，劳动关系如何处理？ 046
用工单位在哪些情形下必须与劳动者签订无固定期限劳动合同？ 047
第二次固定期限劳动合同到期后能否终止？ 048
如何理解连续工作满 10 年？ 048
用人单位违反法律规定不与劳动者订立无固定期限劳动合同的，是否应承担法律责任？ 049
由政府安置的就业困难人员的劳动合同，是否适用法律关于无固定期限劳动合同的规定？ 049
劳动者非因本人原因被安排到新用人单位工作的，劳动者的工作年限如何计算？ 050
哪些情形应当认定属于“劳动者非因本人原因从原用人单位被安排到新用人单位工作”？ 050
劳动合同该由谁持有？ 051
劳动合同中对劳动报酬约定不清楚怎么办？ 051
用人单位未将劳动合同文本交付劳动者的和劳动合同文本未载明必备条款的如何处置？ 051
什么是试用期？ 052
试用期是否包含在劳动合同期限内？ 052
用人单位如何使用试用期？ 052
用人单位违反规定与劳动者约定试用期的，如何处理？ 053
对试用期工资支付有何规定？ 053
用人单位可以不给试用期内的劳动者缴纳社会保险费吗？ 053
什么是无效劳动合同？ 054
订立劳动合同时哪些行为属于欺诈和威胁手段？ 054

无效劳动合同应由谁来认定？ 054
劳动合同被确认无效后，用人单位还应当向劳动者支付劳动报酬吗？ 055
劳动合同部分无效是否影响其他部分效力？ 055
劳动合同依法被确认无效，给对方造成损害的，如何处置？ 055

## 第三编 劳动合同的履行、变更、解除与终止

什么是劳动合同的履行？ 058
劳动合同法对劳动合同履行有哪些具体的规定？ 058
劳动合同的全面履行的具体要求是什么？ 059
什么叫工资支付令？ 059
工资支付令申请书向谁提交？ 060
欠薪单位收到工资支付令后提出异议怎么办？ 060
法律为什么规定单位名称变更等不影响劳动合同继续履行？ 060
国有企业改制后是否应该继续履行原劳动合同？ 061
为什么单位合并或者分立不影响劳动合同继续履行？ 062
什么是劳动合同变更？ 062
变更劳动合同有哪些原因？ 062
变更劳动合同内容需要经过哪些步骤？ 063
变更劳动合同需要注意哪些事项？ 063
什么是劳动合同的解除？ 064
什么是法定解除劳动合同？ 064
什么是约定解除劳动合同？ 064
什么是协商解除劳动合同？ 064
劳动合同解除具有哪些特征？ 065
劳动合同协商解除需要哪些条件？ 065

劳动者可以自由辞职吗？ 065
在哪些情形下劳动者可以与用人单位解除劳动合同？ 066
劳动者单方解除劳动合同需注意哪些事项？ 067
在哪些情形下劳动者可以立即解除劳动合同？ 067
如何理解“用人单位未按照劳动合同约定提供劳动保护或者劳动条件”？ 067
如何理解用人单位未及时足额支付劳动报酬？ 067
如何理解用人单位的规章制度违反法律法规的规定，损害劳动者权益？ 068
如何理解“用人单位以欺诈、胁迫的手段或者乘人之危，使劳动者在违背真实意思情况下订立或者变更劳动合同”？ 068
如何理解用人单位在劳动合同中免除自己的责任、排除劳动者权利？ 069
如何理解用人单位以暴力、威胁或者非法限制人身自由的手段强迫劳动者劳动？ 069
如何理解用人单位违章指挥、强令冒险作业危及劳动者人身安全？ 069
在哪些情形下，用人单位可以与劳动者解除劳动合同？ 070
在哪些情形下，用人单位可以与试用期内劳动者解除劳动合同？ 071
在试用期间不符合录用条件，如何掌握？ 071
什么是严重违反用人单位的规章制度？ 072
怎样才算严重失职、营私舞弊、给用人单位造成重大损害？ 072
与被判刑劳动者解除劳动合同应该注意哪些问题？ 072

在哪些情形下用人单位不能与劳动者解除劳动合同？ 073
用人单位可以解除与符合解雇保护情形但有过失的职工签订的劳动合同吗？ 073
女职工在孕期严重违纪，单位可以解除劳动合同吗？ 074
什么是经济性裁员？ 074
为什么允许企业实行经济性裁员？ 075
用人单位在哪些情形下可以进行经济性裁员？ 075
什么叫企业重整？ 075
在哪些情形下企业可以申请重整？ 076
什么是生产经营发生严重困难？ 076
为什么允许企业在生产经营发生严重困难的情况下可以解除劳动合同？ 077
为什么企业转产、重大技术革新或者经营方式调整情况下可以进行裁员？ 077
如何理解客观经济情况发生重大变化？ 078
用人单位实施经济性裁员应遵循哪些程序？ 078
如何向劳动行政部门报告裁减人员方案？ 078
企业实行经济性裁员时应当优先留用哪些人员？ 078
为什么企业实行经济性裁员时应当优先留用有关人员？ 079
劳动者在何种情形下不能被列为裁员对象？ 079
被裁减人员在企业重新招人时是否具有优先就业权？ 080
用人单位单方解除劳动合同是否应当事先将理由通知工会？ 080
什么是劳动合同中止？ 081
什么是劳动合同终止？ 081

"终止"与"解除"劳动合同一样吗? 082
哪些情形下劳动合同终止? 082
劳动者达到法定退休年龄的，劳动合同能否终止? 082
劳动合同可不可以约定终止? 083
哪些情形下劳动合同期满后应当续延? 083
患职业病或者因工负伤并被确认丧失或者部分丧失劳动能力的，劳动合同如何处置? 083
用人单位违法解除或者终止劳动合同的，应如何处理? 084
用人单位不为劳动者转移档案怎么办? 084
办理解除或者终止劳动合同的相关手续时，双方各有什么义务? 085
单位对已经解除或者终止的劳动合同文本至少保存几年? 085
什么是解除、终止劳动合同的证明? 085
解除、终止劳动合同的证明书包含哪些内容? 085
用人单位未依法出具解除、终止劳动合同的书面证明的法律责任是什么? 087
单位规定"末位淘汰"合法吗? 087

## 第四编　劳务派遣

什么是劳务派遣? 090
劳务派遣具有什么特征? 090
劳务派遣与劳务中介的区别是什么? 090
《劳务派遣暂行规定》的适用范围包括哪些单位? 091
为什么要对经营劳务派遣业务设立行政许可? 091
劳务派遣行政许可管辖权是如何划分的? 091
申请经营劳务派遣业务应具备哪些条件? 092
为什么要提高注册资本金数额? 092

为什么要求劳务派遣机构要有与开展业务相适应的固定的经营场所和设施？ 093
为什么要求劳务派遣机构要有符合法律、行政法规规定的劳务派遣管理制度？ 093
申请经营劳务派遣业务应当提交哪些材料？ 093
行政许可机关如何受理申请材料？ 094
行政许可机关如何审查申请材料？ 095
对《劳务派遣经营许可证》有哪些规定？ 095
《劳务派遣经营许可证》是否可以出租、出借？ 095
《劳务派遣经营许可证》如何进行变更？ 096
劳务派遣行政许可的有效期如何延续？ 096
行政许可机关在什么情况下可以作出不予延续的决定？ 096
劳务派遣单位设立的子公司、分公司经营劳务派遣业务的，是否需申请行政许可？ 097
什么情况下行政许可机构可以撤销劳务派遣行政许可？ 097
劳务派遣经营情况年度报告包括哪些内容？ 097
擅自经营劳务派遣业务的如何处罚？ 098
为什么规定劳务派遣是我国企业用工的补充形式？ 098
劳务派遣可在哪些工作岗位上实施？ 099
什么是临时性、辅助性或者替代性的工作岗位？ 099
如何确定辅助性岗位？ 099
用工单位违反有关辅助性岗位民主程序规定，应当承担的法律责任是什么？ 100
为什么要对劳务派遣用工实行比例限制？ 100
劳务派遣用工比例是多少？ 100
计算劳务派遣用工比例的用工单位指什么？ 101
什么是计算劳务派遣用工比例的用工总量？ 101

哪些使用被派遣劳动者的单位不受用工比例的限制？ 101
什么是劳务派遣劳动合同？ 101
劳务派遣劳动合同最低签多少年？ 102
劳务派遣单位可不可以与劳动者约定试用期？ 102
劳务派遣单位违法约定试用期要承担什么责任？ 102
被派遣劳动者可以提前 30 日书面通知劳务派遣单位解除劳动合同吗？ 103
劳务派遣单位违法解除或者终止被派遣劳动者的劳动合同的如何处理？ 103
劳务派遣单位能以非全日制用工形式招用被派遣劳动者吗？ 104
什么是劳务派遣协议？ 104
劳务派遣协议应当约定什么内容？ 104
什么是劳务派遣协议期限？ 105
如何约定违反劳务派遣协议的责任？ 105
劳务派遣单位应当对被派遣劳动者履行哪些义务？ 105
用工单位应当对被派遣人员履行什么义务？ 106
被派遣劳动者发生工伤事故伤害如何处置？ 107
被派遣劳动者的职业病诊断、鉴定由谁负责？ 108
劳务派遣单位经营许可未延续或被撤销、吊销的情况下，已派出的劳动者劳动合同是否需继续履行？ 109
劳务派遣单位灭失后如何安置由其派遣到用工单位的被派遣劳动者？ 109
哪些情形下用工单位可以将被派遣劳动者退回劳务派遣单位？ 109
在哪些情形下用工单位不能退回被派遣劳动者？ 111
用工单位违法退回被派遣劳动者应承担什么责任？ 111

为什么用工单位不能“转派遣”？ 112
用人单位能否设立劳务派遣单位向本单位或者所属单位派遣劳动者？ 112
什么是同工同酬？ 113
同工同酬是否就意味着相同岗位拿同样的钱？ 113
法律法规对被派遣员工的工资有哪些规定？ 113
为什么规定被跨地区派遣劳动者执行用工单位所在地的劳动报酬标准？ 114
《劳务派遣暂行规定》对被派遣劳动者的福利有哪些新规定？ 115
被派遣人员的社会保险费是由劳务派遣单位缴纳还是由用工单位缴纳？ 115
跨地区派遣劳动者的，如何参保缴费？ 115
跨地区派遣劳动者的，如何办理社会保险参保缴费？ 116
如何为用工单位代劳务派遣单位办理参保缴费手续畅通渠道？ 116
被派遣员工有权参加用工单位的工会吗？ 117
如何遵守《劳务派遣暂行规定》关于过渡期的规定？ 117

## 第五编　非全日制用工

我国企业的用工形式有哪些？ 120
什么是全日制用工？ 120
什么叫非全日制用工？ 120
非全日制用工的实质性标准是什么？ 120
非全日制用工具有哪些特征？ 121
劳动合同法为什么引入非全日制用工？ 121
“小时工”与用人单位之间是劳动关系吗？ 123

家庭和个人雇用的小时工是否适用劳动合同法关于非全日制用工的规定？ 124
“小时工”可以同时与多个用人单位建立劳动关系吗？ 124
为什么允许“小时工”可以同时与多个用人单位建立劳动关系？ 124
“小时工”可以与其他单位建立全日制用工关系吗？ 125
“小时工”与用人单位必须订立书面劳动合同吗？ 125
使用“小时工”可以约定试用期吗？ 126
“小时工”可以不参加社会保险吗？ 126
非全日制用工的工资支付形式是什么？ 126
用人单位如何支付非全日制用工的工资？ 127
“小时工”加班有加班费吗？ 127
非全日制用工双方当事人任何一方都可以随时通知对方终止用工吗？ 128
用人单位终止非全日制用工，可以不向劳动者支付经济补偿吗？ 128
“小时工”工作期间出了意外事故怎么办？ 129
“小时工”工作期间与用人单位发生劳动争议如何处理？ 129

## 第六编 违约金、赔偿金和经济补偿

什么是违约金？ 132
违约金的适用范围是什么？ 132
违约金有哪些形式？ 132
违反劳动合同约定必须支付违约金吗？ 132
为什么允许劳动合同就劳动者保守商业秘密事项和服务期事项约定违约金？ 133

为什么用人单位不得与劳动者约定由劳动者承担违约金？ 133
什么是服务期？ 134
法律为什么规定服务期？ 134
服务期与劳动合同期限有什么区别？ 134
约定服务期应该具备哪些条件？ 135
约定服务期的培训是否一定是脱产的？ 135
什么是专项培训费用？ 136
用人单位如何与劳动者约定服务期？ 136
服务期期限与劳动合同期限不一致的如何处理？ 136
由用人单位解除约定服务期的劳动合同的，劳动者是否可以不支付违约金？ 137
由劳动者解除约定服务期的劳动合同的，是否都属于违反服务期的约定？ 137
劳动者违反服务期约定的会有什么不利后果？ 138
如何确定违反服务期的违约金数额？ 138
服务期是否影响给劳动者涨工资？ 139
什么是竞业限制？ 139
为什么允许约定竞业限制？ 139
什么是商业秘密？ 140
竞业限制包括哪些人员？ 140
什么是竞业限制协议？ 140
竞业限制期限最长为多少？ 141
什么是竞业限制经济补偿？ 141
竞业限制经济补偿有哪些特点？ 141
如何对竞业限制的人员进行补偿？ 142
劳动者违反竞业限制规定应该承担什么责任？ 143
法律对竞业限制有哪些限制性规定？ 143
什么是赔偿金？ 143

什么是违反劳动合同赔偿金？ 144
赔偿金与违约金有什么区别？ 144
在哪些情形下用人单位应向劳动者支付赔偿金？ 145
为什么用人单位违法解除或者终止劳动合同要支付相当于经济补偿 2 倍的赔偿金？ 146
用人单位违法解除或者终止劳动合同赔偿金的计算年限从什么时候开始？ 147
在哪些情形下劳动者应向用人单位支付赔偿金？ 147
什么是连带责任？ 148
什么是按份责任？ 148
在哪些情形下用人单位因用工行为需承担连带赔偿责任？ 149
不具备合法经营资格的用人单位是否应承担赔偿责任？ 149
什么是经济补偿金？ 149
设立经济补偿的目的是什么？ 150
经济补偿金与赔偿金之间存在什么关系？ 150
关于经济补偿的标准有哪些规定？ 151
对计算经济补偿依据的“月工资”有哪些规定？ 151
哪些情形下用人单位解除与劳动者的劳动合同可以不支付经济补偿？ 151
哪些情形下解除劳动合同用人单位必须支付经济补偿？ 152
用人单位违法解除或者终止劳动合同，依法支付了赔偿金的，是否还需要支付经济补偿？ 153
哪些情形下终止劳动合同用人单位必须支付经济补偿？ 154
以完成一定工作任务为期限的劳动合同终止需要支付经济补偿吗？ 154

为什么以完成一定工作任务为期限的劳动合同终止时也要支付经济补偿？ 154
什么是医疗期？ 155
医疗期内用人单位解除劳动合同是否需要支付经济补偿金？ 156
用人单位解除医疗期期满后劳动合同需给医疗补助费吗？ 156
用人单位依法终止工伤职工劳动合同，除支付经济补偿外，是否还需要支付其他费用？ 156
什么是代通知金？ 157
协商一致解除劳动合同，用人单位一定要支付经济补偿金吗？ 157
为什么要对高收入劳动者的经济补偿进行封顶？ 157
为什么劳动合同到期终止用人单位还要支付经济补偿？ 158
为什么企业破产或倒闭用人单位还需支付经济补偿？ 158
经济补偿是否要分段计算？ 158
终止劳动合同经济补偿从何时算起？ 159
用人单位未依法支付经济补偿的，如何处理？ 159
《劳务派遣暂行规定》增加了哪些支付经济补偿情形？ 159

## 第七编　规章制度和招聘

什么是用人单位规章制度？ 162
建立规章制度是用人单位的法定义务吗？ 162
规章制度有哪些特点？ 162
用人单位规章制度有哪些作用？ 163
何谓规章制度的法律效力？ 164

用人单位规章制度有效必须具备哪些要件？ 164
用人单位的规章制度可以作为人民法院审理劳动争议案件的依据吗？ 165
用人单位制定规章制度应该遵循什么原则？ 165
什么是单决权？ 165
什么是共决权？ 166
在我国，用人单位制定规章制度是单决还是共决？ 166
在用人单位规章制度制定中工会有哪些权利和作用？ 167
用人单位与工会进行平等协商包括哪些内容？ 167
用人单位制定规章制度应遵循哪些程序？ 167
如何确定规章制度是否适当？ 168
规章制度是否要告知劳动者？ 168
如何公布规章制度？ 168
劳动合同法颁布后，企业原有的规章制度是否仍然有效？ 169
哪些法律赋予了劳动者参与制定规章制度的权利？ 170
未经过民主程序的规章制度是否一定无效？ 171
用人单位没有履行公示或者告知义务，其规章制度是否有效？ 171
如何认定用人单位是否履行规章制度的告知义务？ 171
单位没有工会组织，规章制度的民主程序该如何进行？ 172
下级非法人单位的规章制度与上级单位不一致时，执行哪一方面的规章制度？ 172
用人单位将没有经过民主程序的规章制度作为劳动合同附件，并经职工本人签字同意，是否有效？ 172

用人单位制定的规章制度中是否还能使用开除、除名和辞退等惩戒手段？ 173
在用人单位的规章制度中能否规定罚款？ 173
企业发生合并、分立后，其原有的规章制度如何规范？ 174
国有企业改制为非国有企业后，其原有的规章制度是否继续有效？ 174
旷工多少天用人单位可与劳动者解除劳动合同？ 175
劳务派遣人员是否适用用工单位的规章制度？ 175
对违法规章制度如何处理？ 176
什么是企业用工自主权？ 176
用人单位向社会公开招聘人员有哪些途径？ 176
用人单位公开招聘中禁止哪些行为？ 177
用人单位招用劳动者时，应当履行哪些告知义务？ 177
企业招工时有权了解哪些劳动者信息？ 178
什么是职工名册？ 178
建立职工名册是用人单位的法定义务吗？ 178
对违反劳动合同法有关建立职工名册规定的用人单位如何处理？ 178
什么叫劳动用工备案制度？ 179
用人单位进行劳动用工备案应该报告哪些内容？ 180
什么是就业歧视？ 180
关于就业歧视有哪些禁止性规定？ 180
对实施就业歧视的企业如何处置？ 181
对用人单位招用人员时扣押劳动者身份证如何处罚？ 181
对用人单位招用人员时向劳动者收取财物如何处罚？ 181

劳动合同法所禁止的“担保”是不是仅指物的
担保？ 182
什么是童工？ 182
对招用童工的有哪些处罚措施？ 182

# 第一编
# 基础知识

## 什么是劳动关系？

劳动关系是从西方市场经济国家引入的一个概念，在不同的国家有着不同的称谓，比如日本称为劳使关系，欧美称为劳工关系、劳资关系、雇佣关系等。在我国，劳动关系一词出现较晚，是在以市场化为导向的劳动用工制度改革开始以后才被广泛使用。目前尚无统一公认的定义，通常把它定义为：劳动关系是用人单位招用劳动者为其成员，劳动者在用人单位的管理下，提供由用人单位支付报酬的劳动而产生的权利义务关系。

## 什么是劳动关系的三要素？

劳动关系的三要素，是指劳动关系的主体、劳动关系管理的内容、劳动关系的客体。

劳动关系的主体就是劳动法律关系的参与者，主要指劳动者、劳动者组织和用人单位。

劳动关系管理的内容是指用人单位人力资源管理工作中的员工招收、录用、用人单位内部人力资源的配置与协调等项事务。在劳动关系管理中表现为劳动合同的订立、履行、变更、解除和终止等劳动法律行为。

劳动关系的客体是指主体的劳动权利和劳动义务共同指向的事物。如劳动时间、劳动报酬、劳动纪律、安全卫生、福利保险、教育培训、劳动环境等。

## 劳动关系具有哪些法律特征？

劳动关系的法律特征：

1. 劳动关系是在实现劳动过程中发生的关系，与劳动有着直接的联系。

2. 劳动关系的双方当事人，一方是劳动者，另一方是用人单位，该单位应提供生产资料给劳动者使用。

3. 劳动关系中的劳动者一方须成为另一方即用人单位的成员，并遵守所在单位的内部劳动规则。

## 劳动关系有哪些类型?

按照不同的标准，劳动关系可划分为不同的类型。通常将劳动关系划分为下面几种类型：

1. 按实现劳动过程的方式来划分，劳动关系分为两类：一类是直接实现劳动过程的劳动关系，即用人单位与劳动者建立劳动关系，由用人单位直接组织劳动者进行生产劳动的形式，当前这一类劳动关系居绝大多数。另一类是间接实现劳动过程的劳动关系，即劳动关系建立后，通过劳务输出或借调等方式由劳动者为其他单位服务实现劳动过程的形式，这一类劳动关系目前居少数，但今后会逐渐增多。

2. 按劳动关系的具体形态来划分，可分为常规形式，即正常情况下的劳动关系；停薪留职形式；放长假的形式；提前退养形式；等等。

3. 按用人单位性质分类，可分为国有企业劳动关系、集体企业劳动关系、三资企业劳动关系、私营企业劳动关系等。

4. 按职业分类，可以分为企业的劳动关系、国家机关劳动关系、事业单位劳动关系等。

## 劳动关系建立的标志是什么?

劳动合同法第七条规定“用人单位自用工之日起即与劳动

者建立劳动关系”。劳动关系建立的标志是用工，即用人单位实际上开始使用劳动者的劳动力，劳动者开始在用人单位的管理、监督、指挥下提供劳动。

一般情况下，用工之日就是劳动者开始上班的那一天。但也有一些用人单位招用劳动者后，首先安排其进行脱产培训，在这种情形下，虽然用人单位没有实际用工，但其提供培训的目的是为了劳动者更好地提供劳动，并且在培训期间，劳动者已经在用人单位的指挥、监督和管理之下，而且劳动者的人身自由权也已受到限制。因此，用人单位在劳动者实际上岗之前，组织劳动者进行培训的期间，视为用人单位与劳动者之间建立了劳动关系。

实践中，还可以依据原劳动和社会保障部 2005 年下发的《关于确立劳动关系有关事项的通知》，认定是否形成劳动关系。一是依据劳动关系成立的要件认定劳动关系，这些要件包括：（1）用人单位和劳动者符合法律、法规规定的主体资格；（2）用人单位依法制定的各项劳动规章制度适用于劳动者，劳动者受用人单位的劳动管理，从事用人单位安排的有报酬的劳动；（3）劳动者提供的劳动是用人单位业务的组成部分。二是认定劳动关系可参照有关凭证：（1）工资支付凭证或记录（职工工资发放花名册）、缴纳各项社会保险费的记录；（2）用人单位向劳动者发放的“工作证”“服务证”等能够证明身份的证件；（3）劳动者填写的用人单位招工招聘“登记表”“报名表”等招工、录用记录；（4）考勤记录；（5）其他劳动者的证言等。

## 西方国家劳动关系经历了哪些发展过程？

西方市场经济国家的劳动关系经历了一个从资本占有绝对优势、劳资力量悬殊到劳资双方力量相对趋于平衡，从冲突对抗到谈判对话、谋求合作共赢的发展历程。大致经历了以下阶段：

1. 自由放任阶段。18 世纪中期欧洲工业革命初期，国家对劳动关系基本没有干预，劳动关系处于自由放任状态，企业主大多靠“血汗工厂”进行原始资本积累，劳动者劳动报酬水平低下、劳动条件低劣，劳资矛盾尖锐。

2. 激烈对抗阶段。伴随着产业工人队伍的迅速壮大，劳动者开始有组织地与企业主进行抗争，劳动关系随之成为最重要的社会关系。这一阶段，劳动者争取权利主要靠激烈的劳资对抗，罢工成为最基本、最常用的对抗方式。

3. 国家适度干预阶段。由于劳资双方之间无序的激烈冲突严重影响了社会经济正常发展，随着市场经济国家从自由竞争资本主义向垄断资本主义过渡，政府开始重视对劳动关系的调整，逐步从自由放任转向国家适度干预，一些国家相继通过立法对工资报酬、工时、劳动保护等劳动基准进行规范，相应地，劳工管理部门也开始建立，于 1919 年国际劳工组织成立。“二战”以后，在第三次科技革命和社会改革浪潮的推动下，政府进一步加强了对劳动关系的干预。

4. 劳资合作阶段。随着劳动关系协调从法律规范到制度机制逐步健全，劳资之间大规模的激烈对抗冲突相对减少，取而代之的是利用有效的协调机制对劳动关系进行调整。这个时期劳动关系的总体态势是缓和中有冲突，冲突中求合作。进入 20 世纪后期，主要市场经济国家劳动关系立法体系趋于完善，劳资合作更加发展。

## 改革开放以来影响我国劳动关系的重大事件有哪些？

新中国成立后，在高度集中的计划经济体制下，劳动关系的建立、工资分配、保险福利等都是国家统一制定政策，由政府通过自上而下的行政指令或计划来实施。改革开放以来，随着经济体制改革的推进，尤其是国有企业改革和所有制结构调整的不断深化，我国劳动关系出现了一系列重大变化。影响我国劳动关系的重大事件主要有以下几件：

1. 1979 年，围绕扩大企业经营自主权改革，劳动用工权和分配权开始部分下放到企业。

2. 1986 年国务院发布了《国营企业实行劳动合同制暂行规定》，开始对终身就业制进行改革。

3. 1987 年，国务院发布了《国营企业劳动争议处理暂行规定》，劳动争议处理制度得以恢复。

4. 1990 年，在国有企业开始推行全员劳动合同制。

5. 1992 年，国务院发布了《全民所有制工业企业转换经营机制条例》，全面落实企业劳动用工和工资分配自主权。

6. 1995 年《中华人民共和国劳动法》开始实施，明确提出建立和维护适应社会主义市场经济的劳动制度，劳动关系的建立、运行和调整开始进入法制化轨道。

7. 1998 年，实行国有企业改革和优化资本结构，实施下岗分流。

8. 20 世纪末至 21 世纪初，鼓励私营经济发展。

9. 2001 年，国家协调劳动关系三方机制建立。

10. 2007 年，《中华人民共和国劳动合同法》《中华人民共和国劳动争议调解仲裁法》颁布实施。

## 当前我国劳动关系的主要特点是什么？

经过一系列的改革，我国劳动关系发生了多方面的深刻变化，呈现出以下特点：

1. 劳动关系的运行市场化。劳动关系的建立从行政配置转变为用人单位和劳动者依法在劳动力市场上双向自主选择，劳动关系的运行也从由政府直接控制为主转变为以市场调节为基础，劳动合同作为劳动关系双方依法自主订立的契约，成为明确双方的权利和义务的重要载体。

2. 劳动关系多样化。随着我国经济体制改革的推进，各种所有制企业快速发展，企业所有制形式和组织形式日趋多样化，劳动用工主体多元化，协调劳动关系的范围逐步扩大，劳动关系方面的矛盾增多，协调难度逐步增大。目前，非公有制经济组织职工人数上已占多数，劳动关系协调工作的重点逐步从国有企业转向非公有制经济组织。

3. 劳动关系双方利益清晰化。随着劳动关系的市场化，劳动关系双方成为相对独立的两个利益主体，双方利益相对分离又相互联系，从计划经济下的高度一致，转变为各自有着相对独立的利益，又在同一利益主体内相互协调。随着新生代劳动者逐步进入职工队伍，他们的依法维权意识不断增强，对权益保护的诉求也逐步从争取基本劳动条件向要求分享用人单位发展成果转变。

4. 劳动关系的调整法制化。基本形成了以劳动法、劳动合同法、劳动争议调解仲裁法、就业促进法为主干，以《女职工劳动保护特别规定》、《劳动保障监察条例》、《职工带薪年休假条例》以及《集体合同规定》、《最低工资规定》、《工资支付暂行规定》等法规、规章和规范性文件为配套的劳动关系法律政策体系框架，劳动关系协调进入了规范化、法制化的新阶段。

## 什么是劳动合同？

劳动合同，也称劳动契约、劳动协议，它是指劳动者同用人单位之间订立的明确双方权利和义务的协议。劳动合同既可以是口头合同，也可以是书面合同。

## 劳动合同分为哪几种类型？

劳动合同分为固定期限劳动合同、无固定期限劳动合同和以完成一定工作任务为期限的劳动合同。

固定期限劳动合同，是指用人单位与劳动者约定合同终止时间的劳动合同。固定期限劳动合同主要特征是限期明确，比如一年、两年、三年。

无固定期限劳动合同，是指用人单位与劳动者约定无确定终止时间的劳动合同。订立无固定期限劳动合同，有利于增强劳动者就业的稳定性，有利于促进劳动关系的稳定。但无固定期限劳动合同并不等于铁饭碗，也不是终身制。无固定期限劳动合同也是可以依法解除的，只要出现劳动合同法规定的情形，不论用人单位还是劳动者，都有权依法解除无固定期限劳动合同。

以完成一定工作任务为期限的劳动合同，是指用人单位与劳动者约定以某项工作的完成为合同期限的劳动合同。这种合同在工程建设方面比较多，工程结束合同也就结束了。

## 劳动合同具有哪些特征？

劳动合同作为合同的一种，首先具有合同的一般特征，即它是一种法律行为，是以约定当事人之间权利义务为目的，是当事人双方相互一致的意思表示。劳动合同除具有合同的一般特征外，还具有自身的法律特征：

1. 劳动合同是建立劳动关系的一种法律形式，以合同形式确立了劳动者与用人单位的权利义务。

2. 劳动合同双方当事人中，一方必须是具有劳动权利能力和劳动行为能力的公民本人，另一方必须是企业等用人单位的行政部门，不能是企业的党团组织或工会组织。

3. 劳动合同的当事人之间存在着职业上的从属关系，即作为劳动合同一方当事人的劳动者，在订立劳动合同后，成为另一方当事人企业等用人单位的一员，用人单位有权指派劳动者完成劳动合同规定的属于劳动者劳动职能范围内的任何任务。这种职业上的从属关系，是劳动合同区别于其他合同的重要特点之一。

4. 劳动合同双方当事人的权利和义务是统一的，即双方当事人既是劳动权利主体，又是劳动义务主体。根据签订的劳动合同，劳动者有义务完成工作任务，遵守本单位内部的劳动规则，用人单位有义务按照劳动者劳动数量和质量支付劳动报酬；劳动者有权享受法律、法规及劳动合同规定的劳动保险和生活福利待遇，用人单位有义务提供劳动法律、法规及劳动合同规定的合法权益。

5. 劳动合同的订立、变更、终止和解除，按照国家劳动法律、法规的规定执行。

## 劳动合同有哪些作用？

劳动合同是产生劳动法律关系的法律事实，是建立劳动关系的基本形式。劳动者同用人单位签订劳动合同，对于保障劳动者的合法权益，合理使用劳动力，增强单位活力，发挥劳动者的积极性和创造性，提高劳动生产率，促进社会主义现代化建设，都有重要的作用。劳动合同的作用主要表现在以下几个方面：

1. 劳动合同是劳动者实现劳动权的重要保障。劳动权是劳动者获得职业的权利。它是劳动者生存的权利。我国宪法规定："中华人民共和国公民有劳动的权利和义务。"国家通过宪法和法律保障劳动者实现劳动权。劳动合同是保障劳动者实现劳动权的法律形式。它可以将国家规定的客观劳动权变为劳动者的主观劳动权。劳动者签订劳动合同，意味着劳动权的实现，劳动者在合同期限内获得有保障的工作，用人单位不得无故解除劳动合同。

2. 劳动合同是用人单位合理使用、管理劳动力、提高劳动生产率的重要手段。用人单位可以根据生产经营或工作需要确定招收录用劳动者的时间、条件、方式和数量，并且通过与劳动者签订不同类型、不同期限的劳动合同，发挥劳动者的专长，做到人尽其才，合理使用劳动力。用人单位享有依法订立、变更、解除、终止劳动合同的自主权，劳动者能进能出，可以促进劳动力流动，优化劳动力资源配置。签订劳动合同的目的之一是为了提高劳动生产率。只要用人单位认真履行劳动合同，就能调动广大劳动者的劳动积极性，促进劳动生产率的提高。

3. 劳动合同是减少和防止发生劳动争议的重要措施。在我国社会主义制度下，劳动者同用人单位的根本利益是一致的，但是由于种种原因也会产生矛盾，发生劳动争议。签订劳动合同，明确规定当事人双方的权利和义务，有助于提高双方履行合同的自觉性，促使他们正确地行使权利，严格地履行义务。这样，就可以减少和防止发生劳动争议。

## 为什么要制定出台劳动合同法？

我国的劳动合同制度是随着经济体制改革不断深化而逐步建立发展起来的。随着工业化、城镇化和经济结构调整进程的加快，企业制度改革的不断深化，企业形式和劳动关系日趋多样化，劳动用工制度发生了深刻变化，劳动用工领域出现了一些新情况、新问题，劳动者合法权益受到侵害的现象频繁发生，影响了劳动关系的和谐稳定。为了解决这些问题，全国人大常委会在总结实践经验的基础上制定了劳动合同法，旨在解决劳动关系领域特别是劳动合同制度建立和实施过程中的现实问题，解决社会矛盾，保护劳动者合法权益，维护劳动关系和谐稳定，维护社会公正，促进社会和谐。

## 劳动合同法具有哪些重要意义？

制定劳动合同法的重要意义体现在：

1. 改革开放以来，我们国家实施现代化建设“三步走”战略，推动了我国经济的高速发展，人民生活得到了大幅度改善。在人民生活发展到整体小康之后，摆在我们面前的主要任务是怎样更好地让全体人民共享改革发展成果。当前，我国迫切需要从提高国家核心竞争力的高度来看待并处理好保护劳动者权益的问题。劳动合同法通过法律手段平衡劳动关系，关注对劳动者权益的保护，有利于促进产业结构调整和企业升级，提高国家和企业的竞争力，实现经济的可持续发展。

2. 劳动合同法是促进构建社会主义和谐劳动关系的重要法律。改革开放以来，我国逐渐建立了适应市场经济需要的用人单位与劳动者双向自主选择的用工制度，解放了生产力，发挥了劳动者的积极性和创造性，推动了中国经济的持续快速发展。随着经济快速发展，劳动关系日益多元化，劳动法规定的一些制度没有得到很好的落实，劳动用工领域出现了一些新问题，一定程度上影响了劳动关系的和谐稳定。党中央提出构建社会主义和谐社会，劳动关系是一个社会最重要、最基本的社会关系之一。和谐的劳动关系是和谐社会的重要内容，制定劳动合同法，就是要明确劳动者和用人单位的权利义务，平衡劳动关系，保护劳动关系双方的合法权益，为构建和谐稳定的劳动关系提供法律保障。

3. 劳动合同法是体现社会公平、改善民生的重要法律。实现好、维护好、发展好最广大人民的根本利益是我们党和国家一切工作的出发点和落脚点，也是立法工作的宗旨。党中央提出逐步提高居民收入在国民收入分配中的比重，提高劳动报酬在初次分配中的比重。劳动合同法注重在促进经济又好又快发展的同时，关注劳动者权益的保护，使广大劳动者分享经济发展的成果，促进社会全面进步。

4. 劳动合同法是平衡劳动关系、促进双赢的重要法律。劳动合同法针对现实生活中劳动合同签订率低、劳动合同短期化、滥用试用期和劳务派遣、侵犯劳动者权益等问题，要求和引导用人单位与劳动者签订劳动合同，并在法律规定的条件下与劳动者签订无固定期限劳动合同。无固定期限劳动合同不是“铁饭碗”，法律对无固定期限劳动合同的解除条件是明确的。在保护劳动者合法权益的同时也增加了维护用人单位合法权益的内容，如为了保护用人单位的商业秘密，促进企业创新、促进公平竞争，规定了竞业限制制度；为了适应企业结构调整、参与市场竞争的需要，规定了经济性裁员制度；等等。劳动关系双方严格按照法律的规定行使权利履行义务，就能够实现双赢的结果。

## 劳动合同法遵循了什么样的立法原则？

确定正确的立法原则，既是提高立法质量的重要保证，也是统一认识的前提条件。劳动合同法确立了三方面的立法原则。

1. 坚持以社会公平为价值追求，注重保护劳动者合法权益。劳动合同法作为一部社会法，其追求的社会理念是公平正义，这是由劳动关系的特殊性决定的。在劳动关系两个主体中，虽然两个主体在法律上平等，但由于市场地位不平等、信息不对称、管理关系的不平等，劳资双方实际上是不平等的，在绝大多数情况下，劳动者始终处于相对弱势的地位。与其他国家的劳动者相比，在劳动力供大于求的情况下，我们国家的劳动者在建立劳动关系的过程中更处于弱势地位。实践中侵害劳动者权益的现象大量存在，责任主要在用人单位。因此，劳动合同法的核心内容是矫正劳动关系主体双方的实际不平等。劳动合同法将立法宗旨确定为维护劳动者合法权益，或者要侧重保护劳动者的合法权益。通过对劳动者和用人单位权利责任不一致的规定，尽可能实现在劳动关系中两个主体的权利义务的平衡。同时，立法部门在修改过程中也适当考虑了来自用人单位的意见，但总的来看，劳动合同法的立法宗旨仍然突出了维护劳动者权益的立法思想。

2. 坚持维护劳动者合法权益与促进用人单位健康发展的统一。任何一类部门法，都必然保护法律关系主体双方的合理的权益，劳动合同法亦不例外。劳动合同立法，无论是从该法的基本目的——解决劳动关系领域特别是劳动合同制度建立和实施过程中的现实问题，还是法的社会层面——解决社会矛盾、维护社会公正、促进社会和谐的意义上讲，必然会考虑到社会各方利益的平衡：资本与劳动力所有者的平衡、政府追求经济发展与社会全面和谐发展的平衡、社会公平与效率的平衡、社会弱势群体与各种既得利益集团之间的平衡，等等。劳动合同法在对劳动者实行倾斜保护的同时，对保护用人单位合法权益、促进用人单位健康发展给予了必要的关注。体现在具体内容上，就是劳动合同法第一次明确地以法律形式规定了用人单位可以与接受专业技术培训的劳动者约定服务期和违反服务期的法律责任；第一次明确了用人单位可以与相关劳动者约定竞业限制的规定。这些规定，为用人单位维护合法权益、促进公平竞争提供了支持，实际上也体现了对劳动者根本权益的保护。企业是经营者与职工的利益共同体，劳动关系双方应围绕经济效益共创、发展成果共享这一目标形成合力，发挥两个积极性，真正做到“企业得发展，员工得实惠”。

3. 坚持增强劳动者就业的稳定性与保护劳动力市场活力的统一。当前劳动合同短期化，劳动关系不稳定是我国劳动力市场上的一个突出矛盾。为解决这一问题，劳动合同法在明确双方可以自主协商签订无固定期限劳动合同的基础上，对一些特殊劳动者规定了用人单位应该签订无固定期限劳动合同的义务。同时，又通过其他规定兼顾了劳动力市场的灵活性，避免劳动用工制度的僵化。例如劳动合同法规定，无固定期限劳动合同在法定情形下可以由用人单位单方面解除，并且增加了或者放宽了用人单位解除劳动合同的条件。这样的安排使得劳动合同法一方面强化了用人单位签订无固定期限劳动合同的义务，另一方面又放宽了用人单位解除无固定期限劳动合同的条件。目的在于使用人单位在履行保护劳动者权利义务的同时，能够保持必要的市场适应性和竞争力。在这个方面，劳动合同法参考了很多国家在设计劳动合同制度上的做法，借鉴了有用的经验，也汲取了它们的教训。在市场经济国家，特别是一些欧洲国家的劳动合同制度与我国的劳动合同制度差别很大。它们把建立无固定期限劳动关系作为一般原则，一旦建立劳动关系就是无固定期限，只有在法定情形下才可以签订有固定期限合同。这种制度的优点是解决了劳动合同短期化问题，有利于劳动关系的总体平稳，缺点是容易导致用工制度僵化。在社会主义市场经济条件下和经济全球化背景下，市场情况瞬息万变，企业必须灵活应对才能更好地生存发展，这时僵化的用工制度就显得不相适应。劳动合同法坚持了劳动法规定的劳动合同期限是由双方自主协商确定这样一个特征，并将其作为一个一般原则确定下来。应该说，在立法进程中立法者始终坚持了增强劳动者就业的稳定性与保护劳动力市场活力的统一。

另外，在立法过程中最高立法机构还坚持了劳动关系双方协商与政府管理相统一。发展和谐的劳动关系，必须立足双方通过平等、自愿、协商方式自主处理问题、解决矛盾，这是市场经济运行的客观要求。同时，由于劳动关系双方地位的不平衡，还需要政府加强管理、严格执法和采取必要的宏观调解手段，规范企业行为，保障职工权益，实现劳动关系双方权利义务公平合理。这是建立党和政府主导的维护群众权益机制的重要内容，是政府履行社会公共职能的内在要求，更是社会主义国家人民政府职责之所在。

## 劳动合同法有哪些主要特点？

劳动合同法是我国在对劳动关系现状以及发展趋势作出准确判断的基础上，科学制定的一部重要劳动法律，既是对我国现行劳动法律制度的继承，又体现了新时期、新阶段劳动关系调整工作的新特点。

1. 加大了对劳动者的保护力度。尊重和保障劳动者的权利，是社会主义法制的主要原则，是完善社会主义市场经济体制的必然要求，是实现经济社会可持续发展的根本保障。最高立法机构将保护劳动者的合法权益确立为劳动合同法的立法宗旨，并贯彻于整部法律中。

一是加大对劳动者就业稳定性的保护。针对当前劳动合同短期化倾向严重的问题，明确规定符合四种情形的劳动者，只要劳动者提出要求，用人单位就必须签订无固定期限劳动合同。同时，规定用人单位终止固定期限劳动合同，必须依法向劳动者支付经济补偿金。在用人单位生产经营发生变化时，强调劳动合同继续履行的原则，明确规定用人单位法定代表人或者投资人等事项发生变化，以及合并或者分立等情况不影响劳动合同的履行。通过适当限制用人单位对劳动合同的解除权，加强了对大龄就业人员等部分劳动者的倾斜保护，明确规定用人单位裁减人员时，应当优先留用与本单位订立较长期限的固定期限劳动合同的、订立无固定期限劳动合同的以及家庭无其他就业人员、有需要扶养的老人或者未成年人的劳动者；并且规定劳动者在本单位连续工作满 15 年，且距法定退休年龄不足 5 年的，用人单位不得解除劳动合同。二是加强对劳动者就业质量的保护。对用人单位执行工资、工时、职业安全卫生、社会保险等劳动标准作了具体规定，全面保护劳动者的劳动报酬权、身体健康权、休息休假权和社会保障权。三是加大对用人单位违法行为的处罚力度。劳动合同法用了 1 章 15 条的篇幅对用人单位的违法责任进行了规范，重点规定了不签订劳动合同的法律责任；违法解除或终止劳动合同的责任；劳务派遣单位违反规定的责任；未及时足额支付劳动报酬的责任；违法收取劳动者财物的责任，以保证劳动者的合法权益落到实处。

2. 扩大了法律适用的范围。劳动合同法相比于劳动法，在用工形式和调整对象上都有很大的进步，从而拓展了法律适用的范围，使不同就业形态下的劳动者的合法权益都能得到有效保护。

在用工形式方面，一是针对劳务派遣这种新的用工形式，对用工单位应承担的连带责任、劳务派遣单位与被派遣劳动者签订劳动合同的期限，以及被派遣劳动者享有同工同酬和参加工会的权利等方面作出了具体规定，第一次以法律的形式明确了派遣单位、用工单位和劳动者三方的权利和义务。二是在现行政策的基础上，对非全日制用工从法律层面上作出了与全日制用工不同的特别规范，既满足了用人单位灵活用工和劳动者自主择业的需要，又体现了对劳动者合法权益的保护。三是明确了多重劳动关系的合法性，将其纳入法律保护的范畴。规定劳动者同时与其他用人单位建立劳动关系，只有在对完成本单位的工作任务造成严重影响，或者经用人单位提出，拒不改正的，用人单位才可以解除劳动合同。四是针对一些不具备合法经营资格的用人单位，明确规定其招用劳动者要承担相应的刑事责任和经济责任。因此，解决了像“黑砖窑”“黑作坊”等非法用人单位招用劳动者权益的保护问题。五是对个人承包经营招用劳动者造成伤害的，明确了发包的组织与个人承包经营者承担连带赔偿责任，从根本上改变了目前建筑市场、矿山市场包工头招人后，被招用的劳动者发生工伤，或工资拖欠等权益受损得不到救济的情况。

在调整对象方面，一是扩大了用人单位的范围，在延续劳动法规定的企业、个体经济组织的基础上，增加了民办非企业等组织，将律师事务所、会计师事务所等新的组织类型纳入了调整范围。二是明确规定事业单位招用的劳动者，除了实行聘用制管理的以外，都受到劳动合同法的调整。这种安排避免了因管理制度缺失而损害劳动者权益的情况，形成了公务员和参照公务员管理的劳动者适用公务员法，其他的劳动者都适用劳动合同法的具有我国现阶段特点的用人制度格局。

3. 加强了对用人单位合法权益的保护。劳动合同法在保护劳动者合法权益的同时，坚持维护劳动者合法权益与促进用人单位健康发展的统一。主要体现在以下五个方面：第一，首次以法律形式明确了用人单位可以与提供专项培训费用进行专业技术培训的劳动者约定服务期以及违反服务期的违约金。第二，为保护用人单位的商业秘密，规定用人单位与劳动者可以在劳动合同中约定保守用人单位的商业秘密和与知识产权相关的保密事项。对负有保密义务的劳动者，用人单位可以在劳动合同或者保密协议中与劳动者约定竞业限制条款。第三，在规模裁员适用情形和规模裁员程序方面为用人单位创造比较宽松的条件。比如在规模裁员的适用情形方面，劳动合同法增加规定了用人单位可以在企业转产、重大技术革新或者经营方式调整，经变更劳动合同后，仍需裁减人员的情况下进行规模裁员。第四，限制经济补偿计发基数和计发年限，降低用人单位解雇成本。劳动合同法规定，用人单位需向劳动者支付经济补偿时，如果劳动者月工资高于用人单位所在直辖市、设区的市级人民政府公布的本地区上年度职工月平均工资 3 倍的，用人单位向其支付经济补偿的标准按职工月平均工资 3 倍的数额支付，向其支付经济补偿的年限最高不超过 12 年。第五，明确了劳动者的法律责任，规定劳动者违反劳动合同法规定解除劳动合同，或者违反劳动合同中约定的保密义务或者竞业限制，给用人单位造成损失的，应当承担赔偿责任。

4. 形成了一套完整的劳动关系调整体系。劳动合同法在进一步规范劳动合同制度的同时，对集体合同制度、协调劳动关系三方机制、劳动监察、劳动争议处理、企业内部规章制度都进行了规范，既对劳动关系双方自主协调机制进行了规范，也对行政、司法对劳动关系的调整机制，以及整个社会层面的劳动关系对话机制进行了规范，从而形成了从微观到宏观多层次、全方位的劳动关系调整体系。

在劳动关系自主协调机制方面，除了规范劳动合同制度外，同时规范了集体合同制度和规章制度。在延续劳动法、工会法有关集体合同规定的基础上，进一步完善了企业集体合同制度，对区域性、行业性集体合同以及履行集体合同争议的处理作出了新的规定，提高了集体合同的针对性和实效性。针对企业涉及劳动者切身利益的规章制度的制定过程，以法律形式明确了程序要求，赋予职工与用人单位平等协商的权利，从而改变了企业内部劳动规章制度由企业单方决定的现状。

在行政、司法对劳动关系的调整机制方面，主要体现在劳动监察执法和劳动争议处理制度。劳动合同法第六章对监督检查的内容作了进一步细化，使得劳动合同法的贯彻实施得到了强有力的行政保障。在劳动争议处理方面，劳动合同法第七十七条规定，劳动者合法权益受到侵害的，有权要求有关部门依法处理，或者依法申请仲裁、提起诉讼。明确了劳动合同争议的诉求渠道。

在社会对话机制方面，劳动合同法继工会法之后，再次以法律的形式明确了协调劳动关系三方机制的地位和作用，这有利于在宏观层面就有关劳动关系的重大问题加强社会对话，促进全社会劳动关系的和谐稳定。

5. 增强了职工在民主决策、监督、管理方面所起的作用。在不同所有制形式的企业中，职工民主参与的力度不同。为使职工的民主参与权落到实处，劳动合同法充分考虑到不同企业的现状，在规章制度、规模裁员、解除劳动合同、集体合同等方面对职工参与权作出明确规定。

在民主决策方面，主要体现在：一是规定了规章制度制定的民主程序，规定用人单位在制定、修改或者决定有关劳动报酬、工作时间、休息休假、劳动安全卫生、保险福利、职工培训、劳动纪律以及劳动定额管理等直接涉及劳动者切身利益的规章制度或者重大事项时，应当经职工代表大会或者全体职工讨论，提出方案和意见，与工会或者职工代表平等协商确定。在规章制度和重大事项决定实施过程中，工会或者职工认为不适当的，有权向用人单位提出，通过协商予以修改完善。二是规定了经济性裁员的民主程序，规定用人单位在裁减 20 人以上或者裁减不足 20 人但占企业职工总数 10% 以上的，要提前 30 天向工会或者全体职工说明情况，听取工会或者职工的意见，保证了裁员的公平性和合理性。三是企业职工一方与用人单位通过平等协商，可以就劳动报酬、工作时间、休息休假、劳动安全卫生、保险福利等事项订立集体合同。

在民主监督方面，主要体现在：一是规定用人单位单方面解除劳动合同应履行的民主程序，规定用人单位单方面解除劳动合同的，应当事先将理由通知工会。用人单位违反法律、行政法规规定或者劳动合同约定的，工会有权要求用人单位纠正。用人单位应当研究工会的意见，并将处理结果书面通知工会。二是规定工会依法维护劳动者的合法权益，对用人单位履行劳动合同、集体合同的情况进行监督。用人单位违反劳动法律、法规和劳动合同、集体合同的，工会有权提出意见或者要求纠正；劳动者申请仲裁、提起诉讼的，工会依法给予支持和帮助。

在民主管理方面，体现在以下两点：一是规定工会应当帮助、指导劳动者与用人单位依法订立和履行劳动合同，并与用人单位建立集体协商机制，维护劳动者的合法权益。二是规定被派遣劳动者有权在劳务派遣单位或者用工单位依法参加或者组织工会，维护自身的合法权益。

## 无固定期限劳动合同是否是“铁饭碗”？

无固定期限劳动合同，是指用人单位与劳动者约定无确定终止时间的劳动合同，是劳动合同法规定的三类劳动合同中的一种。无固定期限劳动合同，对劳动者而言，有利于稳定就业，增强对企业的归属感和为企业长期服务的热情，促进其不断提高职业技能。对企业而言，有利于培养劳动者对企业的忠诚，增强企业对职工的凝聚力，减少频繁更换劳动者带来的损失，对企业提高劳动生产率、促进企业长期健康发展具有积极作用。

在劳动合同法实施前，用工期限在 1 年以下的劳动合同占 60％左右，劳动合同短期化的问题较为严重，劳动者就业不稳定。针对劳动合同短期化带来的矛盾和问题，劳动合同法规定了用人单位应当订立无固定期限劳动合同的三种情形。同时，为了维护用人单位的用工自主权，实现人员能进能出，劳动合同法坚持了用人单位与劳动者双向自主选择的基本制度，规定用人单位与劳动者协商一致可以解除以及单方依法解除包括无固定期限劳动合同在内的劳动合同的情形，特别是允许企业在转产等客观经济情况发生重大变化时解除劳动合同。

劳动合同法公布施行后，一些用人单位和劳动者误认为无固定期限劳动合同是“铁饭碗”“终身制”。为了消除误解，实施条例将分散在劳动合同法有关条款中可以解除包括无固定期限劳动合同在内的各种解除劳动合同的情形归纳起来作了集中规定，明确规定了劳动者可以依法解除劳动合同的 13 种情形，以及用人单位可以依法解除劳动合同的 14 种情形。

同时，为了增强用人单位与劳动者订立无固定期限劳动合同的可操作性，根据劳动合同法立法原意并结合实际情况，实施条例明确规定，除劳动者与用人单位协商一致的情形外，劳动者依照符合劳动合同法第十四条第二款的规定，提出订立无固定期限劳动合同的，用人单位应当与其订立无固定期限劳动合同。但双方在约定除劳动合同期限以外的其他劳动合同内容时，双方应当按照合法、公平、平等自愿、协商一致、诚实信用的原则协商确定；对协商不一致的内容，依照劳动合同法第十八条的规定执行。因此，无固定期限劳动合同不是“铁饭碗”“终身制”。

## 劳动合同法是否大幅增加了用人单位的用工成本？

劳动合同法颁布施行后，一些劳动密集型出口加工企业和中小型企业反映，劳动合同终止要支付经济补偿、将社会保险规定为必备条款等，提高了企业的用工成本。从制度设计来看，因落实劳动合同法新的规定而增加的成本实际很有限，主要包括两个方面：一项是企业支付给试用期劳动者的工资标准限制，即劳动者在试用期的工资不得低于本单位相同岗位最低档工资或者劳动合同约定工资的 80%，并不得低于用人单位所在地的最低工资标准。这项规定涉及的仅仅是试用期劳动者，影响有限。另一项是企业主动终止期满的劳动合同或者因企业破产、解散等原因终止劳动合同的，应当支付经济补偿。这类支出涉及的只是部分劳动者，由此增加的成本不会太大。企业反映成本增加实际主要是缴纳社会保险费。劳动合同法实施之前，尽管法律法规规定企业应当依法为劳动者缴纳社会保险费，但是一些企业没有缴纳，也就没有这部分成本。法律实施之后，这些企业要依法缴纳社会保险费，否则加倍处罚，因此就认为提高了成本，尤其是大量使用农民工但未签订劳动合同的企业更为突出。为职工依法缴纳社会保险费，是劳动法早就明确规定的义务，是企业从事生产经营活动必须承担的成本。但是，考虑到我国现阶段实际情况，一些农民工就业比较集中的劳动密集型加工企业和小型微利企业，完全按照城镇职工缴纳社会保险的确压力较大，有关部门将研究制定“低费率、广覆盖、可转移、能衔接”的适合农民工特点的养老保险办法。

## 实施劳动合同法对投资环境和就业是否会产生负面影响？

劳动合同法实施后的一段时间内，沿海地区部分企业关闭、撤离或者搬迁到我国中西部地区甚至国外。据了解，主要是一些利用我国土地和劳动力成本低从事加工贸易的港资、台资以及相关外资，比如韩资企业，主要原因包括出口产品退税额度下调或取消、原材料和能源价格上涨、人民币升值、税率调整、节能减排政策性要求提高等多种因素，因此不能归结为实施劳动合同法造成的。从长远来看，劳动合同法有利于构建和发展和谐稳定的劳动关系，有利于改善投资环境、促进公平竞争。

## 为什么制定劳动合同法实施条例？

劳动合同法是社会主义市场经济条件下全面调整劳动关系的一部重要法律，对于规范用人单位的用工行为，维护劳动者合法权益，构建和发展和谐稳定的劳动关系，促进社会主义和谐社会建设，都具有十分重要的意义。劳动合同法公布施行以来，全国劳动用工情况总体平稳，劳动关系比较和谐，法律颁布前存在的劳动合同签订率低、劳动合同短期化、侵害劳动者合法权益等突出问题，正在逐步得到解决。企业依法用工意识逐步增强，职工参与企业管理的程度逐步提高，劳动用工秩序进一步规范。但是，在法律实施过程中也遇到了一些困难和问题。有些问题是对法律的理解和解释问题，有些问题是法律条款规定得比较原则或不够明确，操作性不够强。这些问题都影响了法律的贯彻实施。因此，各地劳动保障部门和社会各界要求尽快制定配套法规，解决法律实施过程中存在的问题。

## 劳动合同法实施条例的出台起到了哪些作用?

劳动合同法实施条例的公布施行，对于进一步推进劳动合同法的贯彻实施，实现劳动关系的规范有序发展，具有十分重要的作用。

一是有利于消除疑虑与分歧，统一社会各界的思想认识。劳动合同法实施条例坚持了劳动合同法确定的基本原则和基本制度，对社会上存在误解的条款作出了明确规定，既进一步体现了侧重维护劳动者合法权益的立法宗旨，又注重实现劳动关系双方力量与利益的平衡，有利于更好地帮助用人单位和劳动者全面准确理解和执行劳动合同法。

二是有利于增强劳动合同制度的可操作性。劳动合同法实施条例对法律规定比较原则的条款作了细化，对实践中遇到的一些具体问题作出了补充规定和必要的衔接，基本解决了劳动合同法部分条款缺乏操作性所带来的实际困难，为用人单位和劳动者全面贯彻落实法律提供了明确的行为准则。

三是有利于进一步完善劳动合同法律制度体系。劳动合同法实施条例作为劳动合同法的重要配套法规，它的公布施行是我国劳动合同制度建设中的又一件大事，标志着我国在建设以劳动合同法为基础，以国务院行政法规、地方性法规和规章为配套的劳动合同制度法律法规体系进程中迈出了新的重要步伐。

## 制定劳动合同法实施条例遵循了哪些基本原则?

在起草劳动合同法实施条例的过程中，主要遵循三个基本原则：

1. 一致性原则。实施条例不突破劳动合同法的规定，与劳动合同法的制度相一致。实施条例作为劳动合同法的下位法，必须坚持劳动合同法确立的立法宗旨和基本制度，不与劳动合同法相抵触。

2. 协调性原则。实施条例根据劳动合同法的规定，妥善处理好经济发展和社会就业的关系、企业发展和维护劳动者合法权益的关系、保护劳动者利益的长远目标和现阶段目标的关系，准确体现劳动合同法的立法宗旨，维护劳动者的根本利益，努力实现用人单位和劳动者双方权利、义务关系的协调。

3. 可操作性原则。对劳动合同法中比较原则的规定和社会上容易产生误解的条款，作出具体、细化的规定和必要的衔接，增强劳动合同制度的可操作性。

## 劳动合同法实施条例的主要内容是什么？

劳动合同法实施条例的主要内容包括：

1. 完善了订立劳动合同的相关规定。劳动合同法实施条例对劳动合同订立的主体作了补充规定，明确了依法成立的会计师事务所、律师事务所等合伙组织和基金会属于劳动合同法规定的用人单位，并解决了用人单位分支机构如何签订劳动合同的问题。另外，针对社会上对劳动者达到法定退休年龄如何适用法律的问题，劳动合同法实施条例明确规定，劳动者达到法定退休年龄的，劳动合同终止。同时，对实践中反映有的劳动者不与用人单位签订劳动合同的问题，在明确用人单位责任的基础上，相应确立了用人单位的权利，规定自用工之日起 1 个月内，劳动者不与用人单位订立书面劳动合同的，用人单位可以与劳动者终止劳动关系，无须支付经济补偿；超过 1 个月的，用人单位可以终止劳动关系，但必须支付经济补偿。

2. 明确了订立和解除无固定期限劳动合同的有关内容。针对社会上存在的关于无固定期限劳动合同是“铁饭碗”“终身制”的误解，劳动合同法实施条例归纳了劳动者可以解除劳动合同的 13 种情形和用人单位可以解除劳动合同的 14 种情形，从立法技术上明确了只要符合法定条件，用人单位和劳动者都可以依法解除包括无固定期限劳动合同在内的各类劳动合同。针对实践中部分用人单位规避签订无固定期限劳动合同的行为，劳动合同法实施条例对“连续工作满 10 年”的起始时间和非劳动者本人原因被安排到新用人单位工作的工作年限如何计算作出了明确规定。同时，劳动合同法实施条例明确规定，劳动者依据劳动合同法第十四条第二款提出订立无固定期限劳动合同的，用人单位应当订立。对劳动合同其他内容，双方要按照合法、公平、平等自愿、协商一致、诚实信用的原则协商确定，并明确了协商不一致时，有关劳动报酬和劳动条件等内容的适用标准，既可防止用人单位在签订无固定期限劳动合同时故意压低劳动报酬等标准，又能防止劳动者提出不合理的要求。

3. 对劳务派遣的相关问题作出了具体补充规定。为防止劳务派遣单位规避应承担的法律义务，劳动合同法实施条例明确规定，劳务派遣单位不得以非全日用工形式招用被派遣劳动者；在解除终止劳动合同时，应依照法律规定的情形和标准向被派遣劳动者支付经济补偿。同时，进一步细化了劳务派遣单位的设立条件，规定用人单位或者其所属单位出资或者合伙设立的劳务派遣单位，都属于法律规定用人单位不得设立劳务派遣单位的情形。在明确劳务派遣单位法律责任的基础上，劳动合同法实施条例进一步重申了用工单位要履行提供相应的劳动条件和劳动保护等义务，并补充规定了用工单位违反有关劳务派遣规定的法律责任。

4. 补充完善了经济补偿制度。针对用人单位违反法律规定解除或者终止劳动合同情形下支付赔偿金与经济补偿的关系问题，劳动合同法实施条例明确规定支付赔偿金后，不再支付经济补偿。针对用人单位可能滥用以完成一定工作任务为期限的劳动合同规避经济补偿的问题，劳动合同法实施条例补充规定了以完成一定工作任务为期限的劳动合同的终止，用人单位也应支付经济补偿，从而进一步平衡了用人单位与劳动者签订不同类型劳动合同的解雇成本。对法律未作规定的计算经济补偿的月工资标准的问题，劳动合同法实施条例也进行了补充，并再次重申了用人单位依法终止工伤职工的劳动合同时，除支付经济补偿外，还应支付一次性医疗补助金和伤残就业补助金。

5. 进一步规范了用人单位与劳动者约定服务期的规定。针对劳动力流动过程中争议较多的专业技术培训费用问题，为更好地保护用人单位对劳动者进行专业技术培训的积极性，条例明确了培训费用包括用人单位为了对劳动者进行专业技术培训而支付的有凭证的培训费用、培训期间的差旅费以及因培训产生的用于该劳动者的其他直接费用。针对实践中反映出来的服务期与劳动合同期限不一致的问题，劳动合同法实施条例明确规定以服务期为准，双方另有约定的，从其约定。针对在服务期内解除劳动合同是否应支付违约金的问题，劳动合同法实施条例按照过错的不同作出了区分，规定因用人单位的过错解除劳动合同的，劳动者无须支付违约金；因劳动者的过错而解除劳动合同的，劳动者应当支付违约金。

此外，劳动合同法实施条例对劳动合同法贯彻落实过程中容易产生歧义的一些条款进一步作出了明确规定，如对劳动合同履行地与用人单位注册地不一致时劳动标准的适用、公益性岗位适用劳动合同法的问题以及用人单位提前 1 个月解除劳动合同时支付劳动者代通知金的标准等，作出了必要的衔接和细化，对用人单位建立职工名册的内容和没有建立职工名册的法律责任等作出了具体规定。

## 为什么要修改劳动合同法？

修订前的劳动合同法是 2007 年第十届全国人大常委会第二十八次会议审议通过的。该法的颁布实施，对于促进劳动力资源的市场配置、规范劳动关系、完善劳动合同制度、明确劳动合同双方当事人的权利义务、保护劳动者的合法权益发挥了重要作用。尤其是在 2008 年以来应对国际金融危机的过程中，劳动合同法对于维护企业职工队伍和社会和谐稳定，引导企业与职工和衷共济、共克难关起到了积极作用。

劳务派遣是劳动合同法规范的一项重要内容，也是劳动合同法实施中遇到的一个重大问题。劳动合同法颁布实施后，出现了劳务派遣单位数量大幅增加、劳务派遣用工规模迅速扩大的情况。劳务派遣用工存在的突出问题表现在：一是劳务派遣单位过多过滥，经营不规范；二是许多用工单位长期大量使用被派遣劳动者，有的用工单位甚至把劳务派遣作为用工主渠道；三是被派遣劳动者的合法权益得不到有效保障，同工不同酬、不同保障待遇的问题比较突出，参与企业民主管理和参加工会组织等权利得不到很好落实，一些被派遣劳动者长期没有归属感，心理落差较大。劳务派遣用工制度的滥用不仅损害了劳动者的合法权益，也对常规的用工方式和劳动合同制度造成较大冲击。

这些问题如不尽快解决，必然给和谐劳动关系和社会稳定带来负面影响。全国人大常委会领导同志对此高度重视，多次作出重要指示，要求从维护工人阶级主体地位、巩固党的执政基础的高度来认识这个问题，加强调查研究，尽快从法律上严格规范劳务派遣用工。按照常委会的要求，由全国人大常委会有关委员会开展了劳务派遣用工情况的调研。调研组先后赴多地、多部门、多用人单位了解情况，听取意见。根据调研了解到的情况，2012 年 3 月，第十一届全国人大常委会第五次会议决定对劳动合同法进行修改。

## 修改劳动合同法的原则是什么？

修改劳动合同法主要遵循以下原则：

1. 严格规范劳务派遣用工，不能把劳务派遣变成用工主渠道。

2. 维护工人阶级主体地位，保障被派遣劳动者实现同工同酬等权利。

3. 加强对劳务派遣单位的管理，强化劳动行政部门的监督职责。

4. 规范劳务派遣既要积极又要稳妥，妥善处理好修法前后法律实施的衔接问题，实现平稳过渡。

## 劳动合同法修改的主要内容是什么？

劳动合同法修改的主要内容包括：

1. 严格限制劳务派遣用工岗位范围。修订前的劳动合同法第六十六条规定，劳务派遣一般在临时性、辅助性或者替代性的工作岗位上实施。劳动合同法实施以来，劳务派遣用工数量快速增长，部分企业突破“三性”岗位范围，在主营业务岗位和一般性工作岗位长期大量使用被派遣劳动者。为严格限制劳务派遣用工，草案规定劳务派遣“只能”在“三性”岗位上实施，并对“三性”岗位的具体含义作了进一步界定：临时性是指用工单位的工作岗位存续时间不超过 6 个月；辅助性是指用工单位的工作岗位为主营业务岗位提供服务；替代性是指用工单位的职工因脱产学习、休假等原因在该工作岗位上无法工作的一定期间内，可以由被派遣劳动者替代工作。

2. 对设立劳务派遣单位实行行政许可。修订前的劳动合同法第五十七条规定，劳务派遣单位应当依照公司法有关规定设立，注册资本不得少于 50 万元。劳动合同法实施以来，从事劳务派遣的单位增长较快。一些劳务派遣单位经营不规范，规章制度不健全，侵害被派遣劳动者的合法权益。由于劳务派遣单位准入门槛低，承担责任能力差，被派遣劳动者的合法权益受到侵害后，难以获得有效赔偿。为促使劳务派遣单位依法经营，草案规定，经营劳务派遣业务应当向劳动行政部门依法办理行政许可，并对取得许可的条件作了具体规定，包括将注册资本要求由不得少于人民币 50 万元提高到不得少于人民币 200 万元、劳务派遣单位应当有符合法律规定的劳务派遣管理制度等。

3. 切实维护被派遣劳动者享有与用工单位的劳动者同工同酬的权利。同工同酬是劳动合同法规定的一项重要原则。修订前的劳动合同法第六十三条规定，被派遣劳动者享有与用工单位的劳动者同工同酬的权利。用工单位无同类岗位劳动者的，参照用工单位所在地相同或者相近岗位劳动者的劳动报酬确定。劳动合同法实施以来，多数企业对本单位的劳动合同制职工逐步做到了同工同酬，但对被派遣劳动者与本单位劳动合同制职工实行不同的工资福利标准和分配办法，有的被派遣劳动者的劳动报酬、社会保险、企业福利等与用工单位的劳动合同制职工相比差距较大。为落实被派遣劳动者同工同酬的权利，草案增加规定劳务派遣单位与被派遣劳动者订立的劳动合同以及与用工单位订立的劳务派遣协议，载明或者约定的向被派遣劳动者支付的劳动报酬应当符合同工同酬的规定。

4. 增加对相应违法行为的处罚。根据上述修改内容以及进一步严格规范劳务派遣用工的要求，草案对劳动合同法法律责任部分作了相应修改：一是增加规定，对未经许可擅自经营劳务派遣业务的，由劳动行政部门依法予以取缔，没收违法所得，并处以罚款。二是进一步明确规定劳务派遣单位、用工单位违反劳动合同法规定的，处以罚款，并适当提高了罚款额度；对劳务派遣单位并可吊销其经营劳务派遣业务的行政许可。

5. 处理好法律实施的衔接。为实现修法前后劳务派遣用工制度的平稳过渡，草案规定，本修正案开始施行时用工单位正在使用被派遣劳动者的，用工单位、劳务派遣单位应当根据本修正案进行调整；本修正案施行前经营劳务派遣业务的单位，依法办理行政许可和公司变更登记后，方可继续经营劳务派遣业务。具体办法由国务院另行规定。对于在修正案施行前依法向工商行政管理部门办理登记经营劳务派遣业务的单位，自修正案施行之日起未依法办理许可或者申请许可未获批准的，应当按照劳动合同法、合同法、公司法等有关法律法规规定，与用工单位、工会组织进行协商，对其尚未履行完毕的合同、劳务派遣协议作出妥善处理。劳动行政部门、工商行政管理部门应当加强监督检查，切实保障被派遣劳动者的合法权益。

## 制定《劳务派遣暂行规定》的背景及意义是什么？

2012 年底，全国人大常委会对劳动合同法进行了修订。为增强法律的可操作性，更好地推动法律关于劳务派遣规定的贯彻落实，人力资源和社会保障部制定公布了《劳务派遣暂行规定》。

《劳务派遣暂行规定》是规范劳务派遣的一部重要规章，它的颁布实施，对于进一步规范劳务派遣用工行为，明确劳务派遣单位、用工单位和被派遣劳动者三方的权利义务，维护被派遣劳动者的合法权益，促进企业健康发展，构建和发展和谐稳定的劳动关系具有重要意义。

## 《劳务派遣暂行规定》主要内容有哪些？

依据新修订的劳动合同法、劳动合同法实施条例等法律法规，《劳务派遣暂行规定》主要对适用范围，劳务派遣用工比例，劳动合同的订立、履行、解除和终止，跨地区劳务派遣的社会保险、法律责任以及用工比例调整过渡期等作了具体规定。

# 第二编
# 劳动合同的订立

## 订立劳动合同的原则是什么？

劳动合同法第三条明确规定了订立劳动合同的原则，主要包括以下五方面内容：一是合法原则；二是公平原则；三是平等自愿原则；四是协商一致原则；五是诚实信用原则。

所谓合法，就是劳动合同的形式和内容必须符合法律法规的规定。

所谓公平，就是要求劳动合同内容公平合理，用人单位不得利用强势地位与劳动者订立显失公平的合同条款。

所谓平等自愿，就是指劳动者和用人单位在订立劳动合同时法律地位平等，劳动合同完全是出于劳动者和用人单位双方的真实意思表示，出于自愿而签订，订立劳动合同时不得违背劳动者的真实意思表示。

所谓协商一致，就是指劳动合同条款是经双方协商一致达成的，任何一方不得把自己的意志强加给另一方，不得强迫对方订立劳动合同。

所谓诚实信用，就是指用人单位和劳动者在订立劳动合同时要诚实，讲信用，不得欺诈对方。

## 订立劳动合同有哪些形式？

劳动合同订立的形式分为书面和口头两种。当事人用口头形式订立劳动合同，灵活、简便，但不便于履行和监督、检查，特别是发生劳动争议时，往往因空口无凭而难以处理。采用书面形式订立劳动合同，严肃、慎重、明确，便于履行和监督、检查，一旦发生劳动争议，便于当事人举证，也便于有关部门处理。因此，许多国家法律规定劳动合同必须采用书面形式订立。

劳动合同法明确规定，建立劳动关系，应当订立书面劳动合同。已建立劳动关系，未同时订立书面劳动合同的，应当自用工之日起 1 个月内订立书面劳动合同。同时，我国现行劳动法律也承认口头劳动合同。劳动合同法第六十九条明确规定，非全日制用工双方当事人可以订立口头协议。

## 用人单位应在什么时候与劳动者签订劳动合同？

按照劳动合同法的规定，用人单位用工时就应该与劳动者签订书面劳动合同。考虑到用人单位的实际用工情况，法律有限度地放宽了订立劳动合同的时间要求，规定已建立劳动关系，未同时订立书面劳动合同的，应当自用工之日起 1 个月内订立书面劳动合同。也就是说，法律允许用人单位在新职工到岗后 1 个月内签订劳动合同，超过 1 个月还未签，将受到法律的处罚。

## 对已用工未同时订立书面劳动合同的，为什么要给予 1 个月的宽限？

在实践中，用人单位从招用劳动者到签订劳动合同需要一定的时间，特别是招用大批劳动者时，很难做到一经招用就马上能订立书面劳动合同。考虑到这一实际情况，劳动合同法制定过程中，给予用人单位 1 个月的宽限时间。在这 1 个月内，如果约定的劳动报酬不明确的，新招用劳动者的劳动报酬应按照企业或行业的集体合同规定的标准执行；没有集体合同的，用人单位应实行同工同酬。

## 先订立书面劳动合同后用工的，劳动关系从何时算？

按照劳动合同法规定，实际用工是建立劳动关系的唯一标准。如果只订立了劳动合同而没有实际用工，就不能认为建立了劳动关系。因此，在订立书面劳动合同之后，实际用工之前，如果因劳动合同发生争议，适用民法有关规定，不适用劳动法律的规定。

## 对不订立书面劳动合同的用人单位如何处置？

1. 按照劳动合同法的规定，用人单位自用工之日起超过 1 个月不满 1 年未与劳动者订立书面劳动合同的，应当向劳动者每月支付两倍的工资。

2. 按照劳动合同法和劳动合同法实施条例的规定，用人单位自用工之日起满 1 年不与劳动者订立书面劳动合同的，应当承担下列三种责任：第一，自用工之日起满 1 个月的次日至满 1 年的前 1 日应当依法向劳动者每月支付两倍的工资，支付两倍工资的期间为用工之日起满 1 个月的次日，至自用工之日起满 1 年的前 1 日；第二，除依照上述规定支付两倍工资外，还应承担自用工之日起满 1 年的当日已经与劳动者订立无固定期限劳动合同的法律后果，但从满 1 年的当日起不再支付两倍的工资；第三，应当立即与劳动者补订书面劳动合同。

由此可见，当用人单位超过 1 年不与劳动者订立劳动合同时，法律的惩罚是比较严厉的。

## 用人单位向劳动者支付两倍工资的时间从什么时候算起？

按照劳动合同法实施条例的规定，用人单位向劳动者每月支付两倍工资的起算时间为用工之日起满 1 个月的次日，截止时间为补订书面劳动合同的前 1 日。

## 订立劳动合同需要经过哪些程序？

订立劳动合同大致需要经过以下程序：

1. 用人单位应向被招人员如实介绍本单位的情况。

2. 由用人单位提出劳动合同草案，征求被招人员的意见。也可以由被招人员与企业行政的代表，如厂长、经理、人事处负责人、科长等直接协商，共同达成一致意见。

3. 双方经充分协商后，用毛笔或钢笔书写，或用计算机打印劳动合同书，并签字或者盖章。劳动合同签订后，劳动合同文本由用人单位和劳动者各执 1 份。

## 什么是劳动合同必备条款？

劳动合同必备条款，是指法律规定劳动合同必须具备的内容。劳动合同必备条款都是事关劳动者切身利益的内容。如果劳动合同缺乏必备条款，发生劳动争议时，将不利于对劳动者合法的保护。

## 劳动合同包括哪些必备条款？

按照劳动合同法规定，劳动合同应当具备下列条款：

1. 用人单位的名称、住所和法定代表人或者主要负责人。

2. 劳动者的姓名、住址和居民身份证或者其他有效身份证件号码。

3. 劳动合同期限。

4. 工作内容和工作地点。

5. 工作时间和休息休假。

6. 劳动报酬。

7. 社会保险。

8. 劳动保护、劳动条件和职业危害防护。

9. 法律、法规规定应当纳入劳动合同的其他事项。

## 为什么要把用人单位名称和劳动者姓名等作为劳动合同必备条款？

把用人单位名称和劳动者姓名等作为劳动合同必备条款，主要是为了明确用人单位一方，以及劳动者一方的主体资格，确定劳动合同的当事人。

## 为什么要把劳动合同期限作为劳动合同必备条款？

劳动合同期限是双方当事人相互享有的权利、履行义务的时间界限，也就是劳动合同的有效期。合同期限不明确，就容易引起劳动报酬、经济补偿支付等方面的劳动争议。因此，一定要在劳动合同中加以明确。

## 为什么要把工作内容和工作地点作为劳动合同必备条款？

所谓工作内容，是劳动法律关系所指向的对象，即劳动者具体从事什么种类或内容的劳动，具体地说是工作岗位和工作任务或职责。这是建立劳动关系的最重要因素之一。它还是用人单位使用劳动者的目的，也是劳动者取得报酬的缘由。因此，必须在劳动合同中加以明确。

所谓工作地点，就是指劳动合同的履行地，它关系到劳动者的工作，以及劳动者的就业选择，劳动者有权在与用人单位建立劳动关系时知悉自己的工作地点，因此，也必须在劳动合同中加以明确。

## 劳动合同可以有哪些约定条款？

劳动合同法第十七条规定，劳动合同除必备条款外，用人单位与劳动者可以约定试用期、培训、保守秘密、补充保险和福利待遇等其他事项。

## 与劳动法相比，劳动合同法规定的劳动合同必备条款删除了哪些内容?

1. 取消了劳动纪律条款。原因是劳动纪律属于用人单位规章制度，劳动合同法第四条已经对用人单位制定、修改劳动纪律等规章制度的程序作出了规定，没有必要在劳动合同中由用人单位与劳动者个别约定。

2. 取消了劳动合同终止的条件条款。原因是为了防止用人单位规避劳动合同期限约束，随意终止劳动合同，劳动合同法取消了劳动法中有关用人单位与劳动者可以约定终止劳动合同的规定，明确劳动合同终止是法定行为，只有符合法定情形的，劳动合同才能终止。

3. 取消了违反劳动合同的责任条款。原因是为了防止用人单位滥用违约责任条款，劳动合同法规定只有在依法约定的培训服务期以及竞业限制条款中，用人单位才能与劳动者约定违约金。

## 哪些用人单位必须与劳动者签订劳动合同?

根据劳动合同法的规定，中国境内下列用人单位与劳动者建立劳动关系时，必须订立劳动合同:

1. 各类企业。

2. 个体经济组织。

3. 民办非企业单位。

4. 国家机关、事业单位、社会团体。

## 什么是民办非企业单位?

所谓民办非企业单位，是指企业、事业单位、社会团体和其他社会力量以及公民个人利用非国有资产举办的、从事非营利性社会服务活动的社会组织。在我国现行体制下，民办非企业单位和社会团体、基金会一样，其实质均为民间组织的一种形式。因此，劳动合同法实施以后，作为民间组织的民办非企业单位与其招用的员工建立劳动关系后，必须依照劳动合同法的规定签订劳动合同。

## 事业单位在编制外招用劳动者，必须签订劳动合同吗?

现实生活中，一些事业单位在编制外招用劳动者，经常不与招用的劳动者订立劳动合同或者聘用合同。因此，这些劳动者往往既不能享受国家有关人事管理政策规定的权利，也很难依据劳动法维护自身权益。

劳动合同法第二条第二款规定，国家机关、事业单位、社会团体和与其建立劳动关系的劳动者，订立、履行、变更、解除或者终止劳动合同，依照本法执行。也就是说，今后，只要事业单位与劳动者建立的是劳动关系，就得依照本法签订劳动合同。

## 会计师事务所、律师事务所、基金会是否属于劳动合同法规定的用人单位?

为进一步明确劳动合同法的适用范围，劳动合同法实施条例明确规定，依法成立的会计师事务所、律师事务所等合伙组织和基金会，属于劳动合同法规定的用人单位。这样规定解决了长期以来这些组织与劳动者之间法律关系不明确、无法可依的问题，使这些组织的劳动者的合法权益得到了有力的法律保障。

## 用人单位分支机构能否作为用工主体与劳动者订立劳动合同？

在实践中，一些大型用人单位在全国各地依法设立分支机构开展业务活动，但这些分支机构不具有独立的法人资格。如果要求这些分支机构用工时必须由上级法人单位与劳动者建立劳动关系、订立劳动合同，则不便于用工管理和劳动行政部门开展监察执法等。同时，也有一些未依法取得营业执照、登记证书的分支机构，以分支机构的名义与劳动者订立劳动合同，违反了有关规定，不利于维护劳动者的合法权益。对此，劳动合同法实施条例明确规定，劳动合同法规定的用人单位设立的分支机构，依法取得营业执照或者登记证书的，可以作为用人单位与劳动者订立劳动合同；未依法取得营业执照或者登记证书的，受用人单位委托可以与劳动者订立劳动合同。

## 依法取得营业执照或者登记证书的分支机构，如何与劳动者订立劳动合同？

根据劳动合同法实施条例规定，“依法取得营业执照或者登记证书的，可以作为用人单位与劳动者订立劳动合同”。即这类分支机构可以作为用工主体直接用工，以分支机构的名义依法与劳动者订立、履行、变更、解除、终止劳动合同，在劳动保障监察、劳动争议处理中以分支机构的名义作为行政相对人、当事人。同时，根据民法通则、公司法等法律规定，分支机构不能独立承担全部法律责任的，由设立的用人单位承担。

## 未依法取得营业执照或者登记证书的分支机构，如何与劳动者订立劳动合同？

根据劳动合同法实施条例规定，未依法取得营业执照或者登记证书的分支机构，受用人单位委托可以与劳动者订立劳动合同。也就是说，这类分支机构不能作为用工主体直接用工，只能受用人单位委托，以用人单位的名义与劳动者依法订立、履行、变更、解除、终止劳动合同，在劳动保障监察、劳动争议处理中，以用人单位作为行政相对人、当事人，由此产生的法律责任，由用人单位承担。

## 用人单位招用在校学生是否需要签订劳动合同？

劳动法和劳动合同法明确了法律的适用范围，并明确规定建立劳动关系应当订立劳动合同。因此，判断是否应当签订劳动合同的依据主要有两个：

一是双方是否具备签订劳动合同的主体资格。一般来说，用人单位必须在劳动合同法所规定的用人单位的范围内并依法设立；劳动者必须是达到法定就业年龄，即年满 16 周岁，具有劳动能力，且未达到法定退休年龄的人。

二是双方是否建立了劳动关系。劳动关系成立的基本要件是，用人单位和劳动者符合法律、法规规定的主体资格；用人单位依法制定的各项劳动规章制度适用于劳动者，劳动者受用人单位的劳动管理，从事用人单位安排的有报酬的劳动；劳动者提供的劳动是用人单位业务的组成部分。

从招用在校学生的身份看，其身份首先是学生，在学校的统一管理和教育下进行学习或从事研究工作，学习是学生的主要任务，其在校期间的勤工助学一般是为了更好地掌握在校所学知识和技能，更好地开始自己的职业生涯，其身份与劳动法律法规中的劳动者存在不同。从订立劳动合同的主体资格看，在校学生不具备劳动法律中的劳动者主体资格。用人单位招用的在校学生在勤工助学期间虽然需要服从用人单位的管理，但是对用人单位并不具有依附性，也不符合劳动关系成立的要件。因此，用人单位与其招用的在校学生无须订立劳动合同，双方之间的权利和义务不受劳动法律法规的调整。

## 用人单位招用自主择业退伍军人是否需要签订劳动合同？

一些用人单位认为，自主择业军队转业干部每月从部队领取的退役金实际上相当于“养老金”，招用后，应当按劳务关系处理，无须订立劳动合同缴纳社会保险费等义务。这种看法是不对的。

自主择业是安置转业军人的一种方式，在这种方式下，军队转业人员由政府协助就业、发给退役金。退役金实质上是国家因军队转业干部在部队服役期间为国防事业和军队建设作出牺牲和贡献而给予的一笔费用，与劳动者退休后按月领取的基本养老保险费存在本质区别。军人选择自主择业方式从部队退役后，其身份与一般劳动者无异，这部分人员进入劳动力市场应聘，通过市场竞争被用人单位招用后，用人单位应当依据劳动合同法与其订立书面劳动合同，履行缴纳社会保险费等相关法律法规义务，绝不能因其领取了国家给予的退役金而免除用人单位招用劳动者应当承担的责任和义务。

## 居委会、村委会招用劳动者是否需要签订劳动合同？

劳动合同法第二条明确规定“中华人民共和国境内的企业、个体经济组织、民办非企业单位等组织（以下称用人单位）与劳动者建立劳动关系，订立、履行、变更、解除或者终止劳动合同，适用本法。国家机关、事业单位、社会团体和与其建立劳动关系的劳动者，订立、履行、变更、解除或者终止劳动合同，依照本法执行”。根据村民委员会组织法和居民委员会组织法规定，居委会和村委会的性质为自我管理、自我教育、自我服务的基层群众性自治组织。因此，从订立劳动合同的主体资格来看，目前，我国的劳动法律法规中，没有明确将此类组织纳入适用范围，因此，居委会、村委会招用劳动者是否签订劳动合同，还需进一步研究确定。

## 寺庙、道观与和尚、道士是否需要签订劳动合同？

寺庙、道观的和尚、道士属于宗教教职人员。根据《宗教事务条例》和《宗教教职人员备案办法》的有关规定，宗教教职人员是指经过宗教团体认定，报有关部门备案后，可以从事主持宗教活动、举办宗教仪式、从事宗教典籍整理、进行宗教文化研究等宗教教务活动的人员。从宗教团体与宗教教职人员的关系看，宗教团体与宗教教职人员之间不是招用与被招用的经济关系，而是宗教教职人员由于宗教信仰，提出申请，经宗教团体认定后加入。宗教教职人员从事宗教教务活动不是以获得劳动报酬为目的。宗教教职人员的行为主要受宗教团体的教义教规而不是劳动规章制度规范。因此，宗教团体与宗教教务人员之间的关系由《宗教事务条例》规范，而非由劳动合同法规范。

## 法定代表人、董事长、经理、董事、监事如何签订劳动合同？

非国有企业中，作为用人单位的出资人或投资者的法定代表人、董事长，不属于劳动法律法规中所说的用人单位招用的劳动者，与用人单位之间不形成劳动关系，此类人员无须签订劳动合同。

但国有企业中由上级部门聘任、委派的法定代表人、董事长等人员，一般应当与上级聘任部门签订劳动合同，有特殊规定的从其规定。由国家有关组织部门管理、委派的企业领导人，也可以不签订劳动合同。

董事会聘任并兼任法定代表人的总经理，属于单位职工一员，应当依照劳动合同法的规定与企业签订劳动合同。

企业经理由其上级部门聘任（委任）的，应与聘任（委任）部门签订劳动合同。实行公司制的经理和有关经营管理人员，应依据《中华人民共和国公司法》的规定与董事会签订劳动合同。

企业招用的职工，同时又担任董事或监事的，应当依照劳动合同法的规定与企业签订劳动合同。

## 企业党委书记、工会主席如何签订劳动合同？

企业党委书记、工会主席等党群专职人员也是职工的一员，应依法与用人单位签订劳动合同。在国有企业中，他们既可以与企业的上级主管部门签订劳动合同，也可以与企业签订劳动合同。但有特殊规定的，按有关规定办理。

## 如何与内退人员签订劳动合同？

关于内退人员订立劳动合同的问题，1996 年，原劳动部下发的《关于实行劳动合同制度若干问题的通知》就有明确规定。按照该通知的规定，已办理厂内离岗休养或退养手续的原固定工，用人单位应当与其签订劳动合同，明确权利义务关系，其离岗休养或退养的有关文件作为劳动合同的附件。实践中，“内部退养”一般采取内退人员与企业签订内退协议的方式，明确双方权利义务，其在本质上与劳动合同一致，但有关工作岗位、劳动报酬等内容与劳动合同存在差别。劳动合同法施行后，企业与内退人员订立的内退协议可以视同为订立了书面劳动合同，但应当根据劳动合同法的规定对有关协议内容进行补充完善。

## 没有取得营业执照的法人在筹备期间，能否作为用人单位与劳动者签订劳动合同？

根据劳动合同法规定，劳动关系的主体一方是劳动者，另一方是用人单位。而该用人单位应是具有法人资质的公司（企业），或具有营业执照的个体经济组织以及民办非企业单位，才有用工权利。公司在筹备期间，工商营业执照还未审批并正式成立，不具有法人资质，因此就构不成劳动关系上的用人单位的主体，不能在成立前与劳动者形成劳动关系。因此，没有取得营业执照的法人在筹备期间不能作为用人单位与劳动者签订劳动合同。但为保护自己的权益，员工可以要求筹备中的公司以书面的形式签订劳动合同，并要求发起人在劳动合同上签字。

## 外国企业驻中国代表机构、大使馆、国际组织招用劳动者是否需要签订劳动合同？

外国企业在中国注册的代表处或办事处是一个代表母公司在国内的业务联络机构，并不是一个独立的法人实体，不具备用工的资格。它们所需要的工作人员一般通过劳务派遣公司一类的机构或其他中国政府指定的机构招工后再输送的，这些人的劳动关系是与派遣公司建立的。如果劳动者不是通过劳务派遣机构进入中国代表处工作，则双方之间也是劳务关系，不是劳动关系，当然不受劳动法调整。大使馆、国际组织代表处招用劳动者也和这样的情况类似。

## 劳动者不愿签订劳动合同，劳动关系如何处理？

在现实生活中，不但有用人单位不愿意与劳动者签订劳动合同的情况，有些劳动者，特别是有一定技术专长的劳动者也不愿意签订劳动合同，还有一些农民工，由于不想受到太多约束，也不愿意与用人单位签订劳动合同。针对这些情况，劳动合同法实施条例明确规定，自用工之日起 1 个月内，经用人单位书面通知后，劳动者不与用人单位订立书面劳动合同的，用人单位应当书面通知劳动者终止劳动关系，无须向劳动者支付经济补偿，但是应当依法向劳动者支付其实际工作时间的劳动报酬。

## 用工单位在哪些情形下必须与劳动者签订无固定期限劳动合同？

劳动合同法规定，有下列情形之一，劳动者提出或者同意续订、订立劳动合同的，除劳动者提出订立固定期限劳动合同外，应当订立无固定期限劳动合同：

1. 劳动者在该用人单位连续工作满 10 年的。

2. 用人单位初次实行劳动合同制度或者国有企业改制重新订立劳动合同时，劳动者在该用人单位连续工作满 10 年且距法定退休年龄不足 10 年的。

3. 连续订立两次固定期限劳动合同，且劳动者没有下列情形发生，续订劳动合同的：（1）在试用期间被证明不符合录用条件的；（2）严重违反用人单位的规章制度的；（3）严重失职，营私舞弊，给用人单位造成重大损害的；（4）劳动者同时与其他用人单位建立劳动关系，对完成本单位的工作任务造成严重影响，或者经用人单位提出，拒不改正的；（5）因以欺诈、胁迫的手段或者乘人之危，使对方在违背真实意思的情况下订立或者变更劳动合同的情形致使劳动合同无效的；（6）被依法追究刑事责任的；（7）劳动者患病或者非因工负伤，在规定的医疗期满后不能从事原工作，也不能从事由用人单位另行安排的工作的；（8）劳动者不能胜任工作，经过培训或者调整工作岗位，仍不能胜任工作的。

4. 劳动合同法规定，用人单位自用工之日起满 1 年不与劳动者订立书面劳动合同的，视为用人单位与劳动者已订立无固定期限劳动合同。劳动合同法实施条例进一步明确规定，用人单位自用工之日起满 1 年未与劳动者订立书面劳动合同的，视为自用工之日起满 1 年的当日已经与劳动者订立无固定期限劳动合同，应当立即与劳动者补订书面劳动合同。

此外，按照劳动合同法的规定，用人单位与劳动者协商一致，可以订立无固定期限劳动合同。

## 第二次固定期限劳动合同到期后能否终止？

第二次固定期限劳动合同到期后可以终止，但若劳动者提出续订劳动合同时，就不能终止了，而且应该签订无固定期限劳动合同。因为劳动合同法规定，连续订立两次固定期限劳动合同时，劳动者提出或者同意续订劳动合同的，除劳动者提出订立固定期限劳动合同外，应当订立无固定期限劳动合同。用人单位在与劳动者签订一次固定期限劳动合同后，再次签订固定期限的劳动合同时，就意味着下一次只要劳动者提出或者同意续订劳动合同，就应该签订无固定期限的劳动合同。也就是说，用人单位可以和劳动者连续两次签订有固定期限劳动合同，但一旦签了两次，主动权就在劳动者手上了。因此，用人单位在签订固定期限劳动合同时要特别注意。法律之所以如此规定，主要是为了延长每一次固定期限劳动合同的期限，从而解决了合同短期化的问题。

## 如何理解连续工作满 10 年？

首先，连续工作满 10 年是指劳动者在同一用人单位工作时间连续不间断，并达到了 10 年。如有的劳动者在用人单位工作

5 年后，离职到别的单位去工作了 2 年，然后又回到这个单位工作 5 年。虽然累计时间达到了 10 年，但是期限有所间断，不符合在该用人单位连续工作满 10 年的条件。

其次，按照劳动合同法实施条例的规定，连续工作满 10 年的起始时间，应当自用人单位用工之日起计算，包括劳动合同法施行前的工作年限。

最后，劳动者非因本人原因从原用人单位被安排到新用人单位工作的，劳动者在原用人单位的工作年限合并计算为新用人单位的工作年限。比如，因用人单位合并、兼并、合资、单位改变性质等原因改变工作单位的，其改变前的工作时间应计算为本单位的工作时间。如小李在 A 国有企业工作 8 年后，A 企业与 B 企业合并组成 C 企业，小李又在 C 企业工作了 3 年，C 企业在计算小李的工龄时就应该将小李在 A 企业的工作年限计算在内。

## 用人单位违反法律规定不与劳动者订立无固定期限劳动合同的，是否应承担法律责任?

劳动合同法第八十二条第二款规定，用人单位违反本法规定不与劳动者订立无固定期限劳动合同的，自应当订立无固定期限劳动合同之日起向劳动者每月支付 2 倍的工资。

## 由政府安置的就业困难人员的劳动合同，是否适用法律关于无固定期限劳动合同的规定?

劳动合同法实施条例第十二条规定，地方各级人民政府及县级以上地方人民政府有关部门为安置就业困难人员提供的给予岗位补贴和社会保险补贴的公益性岗位，其劳动合同不适用劳动合同法有关无固定期限劳动合同的规定以及支付经济补偿的规定。

## 劳动者非因本人原因被安排到新用人单位工作的，劳动者的工作年限如何计算？

按照劳动合同法实施条例规定，劳动者非因本人原因从原用人单位被安排到新用人单位工作的，劳动者在原用人单位的工作年限合并计算为新用人单位的工作年限。原用人单位已经向劳动者支付经济补偿的，新用人单位在依法解除、终止劳动合同计算支付经济补偿的工作年限时，不再计算劳动者在原用人单位的工作年限。通常，劳动者调动工作，应通过与原来单位解除劳动合同，与新单位签订劳动合同来实现。之所以作出这样的规定，主要是为了解决一些特殊问题，特别是国有企业改革中产生的一些问题。比如，一些国有企业，因国有资产划转、部分并购、重组，或者工作需要等非劳动者方面的原因，将劳动者转移到新的用人单位，或者通过行政命令将劳动者调往其他单位。对于通过上述形式到新单位的职工的工龄计算问题，劳动合同法没有明确规定，但现实中这类问题却很突出，所以劳动合同法实施条例作出了明确的规定。

## 哪些情形应当认定属于“劳动者非因本人原因从原用人单位被安排到新用人单位工作”？

按照《最高人民法院关于审理劳动争议案件适用法律若干问题的解释（四）》的规定，用人单位符合下列情形之一的，应当认定属于“劳动者非因本人原因从原用人单位被安排到新用人单位工作”：

1. 劳动者仍在原工作场所、工作岗位工作，劳动合同主体由原用人单位变更为新用人单位。

2. 用人单位以组织委派或任命形式对劳动者进行工作调动。

3. 因用人单位合并、分立等原因导致劳动者工作调动。

4. 用人单位及其关联企业与劳动者轮流订立劳动合同。

5. 其他合理情形。

## 劳动合同该由谁持有？

劳动合同法第十六条规定，劳动合同由用人单位与劳动者协商一致，并经用人单位与劳动者在劳动合同文本上签字或者盖章生效。劳动合同文本由用人单位和劳动者各执一份。需要提醒注意的是，在实际工作中，一些用人单位与劳动者签订劳动合同后，往往将两份劳动合同全部由用人单位保存，甚至只签订一份劳动合同，劳动合同法实施后，企业要避免这种情况出现，否则可能受到处罚。

## 劳动合同中对劳动报酬约定不清楚怎么办？

劳动合同法第十八条规定，劳动合同对劳动报酬和劳动条件等标准约定不明确，引发争议的，用人单位与劳动者可以重新协商；协商不成的，适用集体合同规定；没有集体合同或者集体合同未规定劳动报酬的，实行同工同酬；没有集体合同或者集体合同未规定劳动条件等标准的，适用国家有关规定。

## 用人单位未将劳动合同文本交付劳动者的和劳动合同文本未载明必备条款的如何处置？

劳动合同法第八十一条规定，用人单位提供的劳动合同文本未载明本法规定的劳动合同必备条款或者用人单位未将劳动合同文本交付劳动者的，由劳动行政部门责令改正；给劳动者造成损害的，应当承担赔偿责任。

## 什么是试用期？

试用期，是指用人单位对新招收的合同制职工进行思想品德、劳动态度、实际工作能力、身体情况等进行进一步考察的时间期限。根据劳动合同法等法律的规定，劳动合同可以规定试用期，其期限的长短由企业根据劳动合同期限的长短来确定，但最长不得超过 6 个月。在劳动合同中规定试用期，一方面可以维护用人单位的利益，给企业考察劳动者是否与录用要求相一致的时间，避免用人单位遭受不必要的损失；另一方面，可以维护新招收职工的利益，使被录用的职工有时间考察了解用人单位的工作内容、劳动条件、劳动报酬等是否符合劳动合同的规定。

## 试用期是否包含在劳动合同期限内？

按照劳动合同法规定，试用期包含在劳动合同期限内。劳动合同仅约定试用期的，试用期不成立，该期限为劳动合同期限。实际工作中，有些用人单位往往借“试用期”之名与劳动者不签订正式的劳动合同，而经常会等到劳动者“试用期”过后，再签订劳动合同，严重损害了劳动者的权益，因此，劳动合同法才明确作出了上述规定。这对于防止用人单位滥用试用期，保护劳动者的合法权益非常有利。

## 用人单位如何使用试用期？

用人单位必须严格按照劳动合同法的规定使用试用期。

1. 劳动合同期限 3 个月以上不满 1 年的，试用期不得超过 1 个月。

2. 劳动合同期限 1 年以上不满 3 年的，试用期不得超过 2 个月。

3. 3 年以上固定期限和无固定期限的劳动合同，试用期不得超过 6 个月。

4. 同一用人单位与同一劳动者只能约定一次试用期。

5. 在以完成一定工作任务为期限的劳动合同中或者劳动合同期限不满 3 个月的，不得约定试用期。

## 用人单位违反规定与劳动者约定试用期的，如何处理？

劳动合同法第八十三条规定，用人单位违反本法规定与劳动者约定试用期的，由劳动行政部门责令改正；违法约定的试用期已经履行的，由用人单位以劳动者试用期满月工资为标准，按已经履行的超过法定试用期的期间向劳动者支付赔偿金。

## 对试用期工资支付有何规定？

劳动合同法首次对试用期的工资进行了规范，提出劳动者在试用期的工资不得低于本单位相同岗位最低档工资或者劳动合同约定工资的 80%，并不得低于用人单位所在地的最低工资标准。劳动合同法实施条例又进一步明确，劳动者在试用期的工资不得低于本单位相同岗位最低档工资的 80% 或者不得低于劳动合同约定工资的 80%。

## 用人单位可以不给试用期内的劳动者缴纳社会保险费吗？

根据劳动合同法规定，试用期包含在劳动合同期限内，所以，试用期内的劳动者享有正式职工所有的待遇和权利。

## 什么是无效劳动合同？

无效劳动合同，是指虽经过当事人双方同意订立，但因劳动合同条款或订立情形违反法律、行政法规的要求，因而不具有法律效力的劳动合同。无效劳动合同分为全部无效和部分无效两种。部分无效劳动合同是指部分条款无效的劳动合同。

无效劳动合同的表现形式有：

1. 以欺诈、胁迫的手段或者乘人之危，使对方在违背真实意思的情况下订立或者变更劳动合同的。

2. 用人单位免除自己的法定责任、排除劳动者权利的。

3. 违反法律、行政法规强制性规定的。

## 订立劳动合同时哪些行为属于欺诈和威胁手段？

如果订立劳动合同时，当事人一方故意隐瞒真实情况或有意制造假象欺骗对方，致使另一方上当受骗，造成与实际情况不符的认识和判断，从而同意订立的劳动合同，则属于采取欺诈手段订立的合同。

所谓的威胁手段，指当事人一方用可能实施的危害对方人身或财产安全的行为相要挟，迫使对方违背意愿而与其订立劳动合同。

无论是以欺诈手段，还是采取威胁手段订立的劳动合同都违背了劳动合同订立的原则，侵犯了一方当事人的权益，因而这种劳动合同不具有法律效力。

## 无效劳动合同应由谁来认定？

按照劳动合同法的规定，在用人单位和劳动者对劳动合同的无效或者部分无效有争议的，交由劳动争议仲裁机构或者人民法院确认。这就是说，劳动合同的无效不能由合同双方当事人决定。

### 劳动合同被确认无效后，用人单位还应当向劳动者支付劳动报酬吗？

劳动合同法规定，劳动合同被确认无效后，劳动者已付出劳动的，用人单位应当向劳动者支付劳动报酬。劳动报酬的数额，参照本单位相同或者相近岗位劳动者的劳动报酬确定。

### 劳动合同部分无效是否影响其他部分效力？

劳动合同法规定，劳动合同部分无效，不影响其他部分效力的，其他部分仍然有效。

### 劳动合同依法被确认无效，给对方造成损害的，如何处置？

劳动合同法第八十六条规定，劳动合同依法被确认无效，给对方造成损害的，有过错的一方应当承担赔偿责任。

# 第三编
# 劳动合同的履行、变更、解除与终止

## 什么是劳动合同的履行？

劳动合同的履行，是指劳动合同依法订立后，双方当事人遵守和执行劳动合同规定的各项条款，完成劳动合同规定的任务，实现劳动合同规定的权利的过程。劳动合同当事人应当全面履行劳动合同。

## 劳动合同法对劳动合同履行有哪些具体的规定？

劳动合同法对劳动合同履行有以下相关具体规定：

1. 用人单位与劳动者应当按照劳动合同的约定，全面履行各自的义务。

2. 用人单位应当按照劳动合同约定和国家规定，向劳动者及时足额支付劳动报酬。用人单位拖欠或者未足额支付劳动报酬的，劳动者可以依法向当地人民法院申请支付令，人民法院应当依法发出支付令。

3. 用人单位应当严格执行劳动定额标准，不得强迫或者变相强迫劳动者加班。用人单位安排加班的，应当按照国家有关规定向劳动者支付加班费。

4. 劳动者拒绝用人单位管理人员违章指挥、强令冒险作业的，不视为违反劳动合同。劳动者对危害生命安全和身体健康的劳动条件，有权对用人单位提出批评、检举和控告。

5. 用人单位变更名称、法定代表人、主要负责人或者投资人等事项，不影响劳动合同的履行。

6. 用人单位发生合并或者分立等情况，原劳动合同继续有效，劳动合同由承继其权利和义务的用人单位继续履行。

## 劳动合同的全面履行的具体要求是什么？

劳动合同的全面履行要求劳动合同当事人双方必须按照合同约定的时间、期限、地点，用约定的方式，按质、按量全面履行自己承担的义务，既不能只履行部分义务而将其他义务置之不顾，也不能擅自变更合同，更不能任意不履行合同或者解除合同。对于用人单位来说，必须按照合同的约定向劳动者提供适当的工作场所和劳动安全卫生条件、相应的工作岗位，并按照约定金额和方式向劳动者支付劳动报酬；对劳动者来说，必须遵守用人单位的规章制度和劳动纪律，认真履行自己的劳动职责，并亲自完成劳动合同约定的工作任务。

## 什么叫工资支付令？

支付令是人民法院依照民事诉讼法规定的督促程序，根据债权人的申请，向债务人发出的限期履行给付金钱或有价证券的法律文书。债权人对拒不履行义务的债务人，可以直接向有管辖权的基层人民法院申请发布支付令，通知债务人履行债务。债务人在收到支付令之日起 15 日内不提出异议又不履行支付令的，债权人可直接申请人民法院强制执行。

工资支付令是劳动者向法院申请讨回被拖欠、克扣工资的最简便的方法。对于一些事实清楚的欠薪案件，劳动者申请支付令解决，较之通过传统的途径——申请仲裁、起诉、上诉等，既提高了效率又节省了司法资源。劳动合同法赋予劳动者申请支付令的权利，劳动合同法第三十条规定，用人单位应当按照劳动合同约定和国家规定，向劳动者及时足额支付劳动报酬。用人单位拖欠或者未足额支付劳动报酬的，劳动者可以依法向当地人民法院申请支付令，人民法院应当依法发出支付令。这样的规定，将更有力地维护劳动者的工资报酬权。劳动争议调解仲裁法也规定，因支付拖欠劳动报酬、工伤医疗费、经济补偿或者赔偿金事项达成调解协议，用人单位在协议约定期限内不履行的，劳动者可以持调解协议书依法向人民法院申请支付令。人民法院应当依法发出支付令。

## 工资支付令申请书向谁提交？

工资支付令申请书应向有管辖权的基层人民法院提交。具体而言，关于劳动报酬的支付令申请书，应向用人单位所在地的基层人民法院提交。这里“用人单位所在地”应为用人单位注册登记所在地，而非与注册登记地不一致的实际经营、办公所在地。

## 欠薪单位收到工资支付令后提出异议怎么办？

按照民事诉讼法规定，债务人应当自收到支付令之日起 15 日内清偿债务，或者向人民法院提出书面异议。

人民法院收到债务人提出的书面异议后，应当裁定终结督促程序，支付令自行失效。至此，关于通过支付令偿还债务的督促程序全部结束，债权人只能通过另行向法院起诉，来维护自己的权益。“书面异议”是否合理法院并没有审查义务，只要债务人从“形式”上提出了书面异议，法院就必须裁定终结督促程序，此前签发的支付令也就自行失效。

## 法律为什么规定单位名称变更等不影响劳动合同继续履行？

劳动合同签订后，用人单位的基本情况有可能会发生变化，比如用人单位的名称、法定代表人、投资人等都可能发生变化。在生活实践中，有些用人单位因更改了名称或更换了法定代表人、主要负责人，因此而拒绝履行原来所签订的劳动合同。也有的用人单位借口投资主体也就是老板变了，而拒绝履行原来的劳动合同。这样做对不对呢？这些变化是否影响劳动合同的履行呢？对此，劳动合同法作出了明确规定，用人单位变更名称、法定代表人、主要负责人或者投资人等事项，不影响劳动合同的履行。之所以规定用人单位变更名称，法定代表人、主要负责人变更不影响劳动合同的履行，是因为用人单位名称、法定代表人、主要负责人变更时，用人单位实体并未发生改变，不影响用人单位与劳动者之间的劳动关系，因此，变更后的用人单位仍应继续与劳动者履行此前签订的劳动合同。之所以规定用人单位变更投资人不影响劳动合同的履行，主要基于下列考虑：所谓的投资人，是指用人单位在注册时记载的有关股东或者出资人。投资人变化也只是产权性质发生了变化，用人单位实体并没有发生变化，所以劳动合同法也明确了投资人的变更不影响劳动合同的履行原则，即产权性质的变化不影响劳动关系，企业不能以投资人发生改变为理由拒不履行已签订劳动合同规定的义务。

## 国有企业改制后是否应该继续履行原劳动合同？

原则上说，国有企业实施股份制或股份合作制改制后，企业股权虽然发生变更，但主体还存在，按照劳动合同法的规定，不影响劳动合同的履行。用人单位主体发生变化的，应当由变化后的用工主体继续与职工履行原劳动合同。由于企业改制导致原劳动合同不能履行的，企业与职工应当依法变更劳动合同。但过去实施的国有企业改革政策与劳动合同法的规定有所不同，一般都先解除劳动合同，给予经济补偿。

## 为什么单位合并或者分立不影响劳动合同继续履行？

劳动合同法第三十四条规定，用人单位发生合并或者分立等情况，原劳动合同继续有效，劳动合同由承继其权利和义务的用人单位继续履行。

所谓的合并，是指两个以上的用人单位合并为一个用人单位，包括吸收合并和新设合并。吸收合并，是指一个用人单位吸收其他用人单位合并。新设合并，是指两个以上的用人单位合并为新设的用人单位。无论是哪种合并，合并后的法人或其他组织都应承继原用人单位所有的权利和义务，包括原用人单位对劳动者的权利和义务，因此，劳动合同法规定用人单位合并不影响劳动合同继续履行。

所谓的分立，是指用人单位分为两个以上的独立用人单位。原劳动合同，是指劳动者与合并或者分立前的用人单位订立的劳动合同。为了防止用人单位以分立后原用人单位不存在或者以劳动者权利转移到新单位为由侵害劳动者合法权益，劳动合同法规定，劳动合同由承继其权利和义务的用人单位继续履行。具体地说，发生分立的，原劳动合同由分立后的用人单位按照分立协议的约定作为劳动合同一方当事人履行。

## 什么是劳动合同变更？

劳动合同的变更，是指在劳动合同履行期间，劳动合同双方当事人协商一致后改变劳动合同的内容。按照劳动合同法第三十五条规定，用人单位与劳动者协商一致，可以变更劳动合同约定的内容。

## 变更劳动合同有哪些原因？

劳动合同变更的原因很多，大致可分为三类：

1. 由于用人单位的原因造成劳动合同变更的。比如企业因为改制、转产或流程重组，需要变更劳动者的工作岗位或薪酬福利待遇。

2. 劳动者自身的原因。比如因为家庭或求学等原因需要改变工作岗位的，患病、负伤或其他个人原因导致不能继续胜任现有岗位而申请调换工作岗位的。

3. 客观方面的原因。比如国家劳动政策法规发生重大变化，导致必须修改原劳动合同的有关条款的等。此外，订立劳动合同时所依据的法律法规发生重大变化时，也应该随着法律法规的变化相应变更劳动合同的内容。

## 变更劳动合同内容需要经过哪些步骤？

按照劳动合同法规定，变更劳动合同内容需要经过以下程序：

1. 用人单位与劳动者协商一致。

2. 采用书面形式。

3. 变更后的劳动合同文本应当由用人单位和劳动者各执1份。

## 变更劳动合同需要注意哪些事项？

变更劳动合同应注意以下事项：一是必须在劳动合同依法订立之后，在合同没有履行或尚未履行完毕之前的有效时间内进行；二是必须依照平等自愿、协商一致的原则，不允许单方变更，任何单方变更都是无效的；三是必须合法，不得违反法律法规的强制性规定；四是变更必须及时；五是变更要采用书面形式。

## 什么是劳动合同的解除？

所谓劳动合同的解除，是指劳动合同订立后，尚未全部履行以前，由于某种原因导致劳动合同一方或双方当事人提前消灭劳动关系的法律行为。劳动合同的解除包括法定解除、约定解除和协商解除。

## 什么是法定解除劳动合同？

法定解除，是指在履行劳动合同过程中出现法定解除合同情形，当事人有权解除合同。按照劳动合同法等法律法规规定，劳动者可以依法解除合同的情形有 13 种，用人单位可以依法解除合同的情形有 14 种。

## 什么是约定解除劳动合同？

劳动合同约定解除，是指当事人在合同中约定，合同履行过程中出现某种情况，当事人一方或者双方有解除合同的权利。但这种情况有不确定性，可能出现，也可能不出现。我国合同法规定，当事人可以约定解除合同的条件，解除合同的条件出现时，解除权人可以解除合同。也就是说，在发生了合同约定的解除合同的条件以后，享有解除权一方作出解除合同的意思表达，合同的权利义务即告解除，无须获得另一方同意。

## 什么是协商解除劳动合同？

所谓协商解除，是指当事人双方根据劳动合同履行过程中已经发生的情况，达成解除原合同协议的行为。劳动合同法第三十六条规定，用人单位与劳动者协商一致，可以解除劳动合同。

## 劳动合同解除具有哪些特征？

劳动合同解除具有以下特征：

1. 劳动合同的解除适用于合法有效的劳动合同。劳动合同只有在生效以后才存在解除，无效劳动合同不发生合同解除。

2. 劳动合同解除必须具备法律规定的条件。劳动合同一旦生效，即具有法律约束力，非依法律规定，当事人不得随意解除劳动合同。我国法律规定的劳动合同解除条件主要有协商解除和法定解除。

3. 劳动合同一经解除，劳动合同尚存的权利义务不再履行。

## 劳动合同协商解除需要哪些条件？

为保障用人单位的用人自主权和劳动者的劳动权，劳动合同法规定，在特定的条件和程序下，用人单位与劳动者协商一致且不违背国家利益和社会公众利益的情况下，可以解除劳动合同，但必须符合以下条件：

1. 被解除的劳动合同必须是合法有效的劳动合同。

2. 解除劳动合同的行为必须发生在被解除的劳动合同依法生效以后、尚未全部履行之前。

3. 用人单位和劳动者均有权提出解除劳动合同的请求。

4. 在双方自愿、平等协商的基础上达成一致意见。

## 劳动者可以自由辞职吗？

劳动者不可以自由辞职，劳动者辞职应该事先通知用人单位。劳动合同法第三十七条规定，劳动者提前 30 日以书面形式通知用人单位，可以解除劳动合同。劳动者在试用期内提前 3 日通知用人单位，可以解除劳动合同。但是，劳动合同法还规定，劳动者违反本法规定解除劳动合同，给用人单位造成损失的，应当承担赔偿责任。

## 在哪些情形下劳动者可以与用人单位解除劳动合同？

按照劳动合同法和劳动合同法实施条例的规定，有下列情形之一的，劳动者可以与用人单位解除固定期限劳动合同、无固定期限劳动合同或者以完成一定工作任务为期限的劳动合同：

1. 劳动者与用人单位协商一致的。

2. 劳动者提前 30 日以书面形式通知用人单位的。

3. 劳动者在试用期内提前 3 日通知用人单位的。

4. 用人单位未按照劳动合同约定提供劳动保护或者劳动条件的。

5. 用人单位未及时足额支付劳动报酬的。

6. 用人单位未依法为劳动者缴纳社会保险费的。

7. 用人单位的规章制度违反法律法规的规定，损害劳动者权益的。

8. 用人单位以欺诈、胁迫的手段或者乘人之危，使劳动者在违背真实意思的情况下订立或者变更劳动合同的。

9. 用人单位在劳动合同中免除自己的法定责任、排除劳动者权利的。

10. 用人单位违反法律、行政法规强制性规定的。

11. 用人单位以暴力、威胁或者非法限制人身自由的手段强迫劳动者劳动的。

12. 用人单位违章指挥、强令冒险作业危及劳动者人身安全的。

13. 法律、行政法规规定劳动者可以解除劳动合同的其他情形。

## 劳动者单方解除劳动合同需注意哪些事项?

在上题 1—9 的情况下，劳动者解除合同都属于劳动者单方解除劳动合同。劳动者单方解除劳动合同要注意以下两方面的问题：

一是要遵守解除预告期，即应提前 30 日通知用人单位（在试用期内应提前 3 日）。法律之所以规定 30 日的预告期，主要是便于用人单位及时安排人员接替工作，保持劳动过程的连续性，确保企业正常的工作秩序。

二是书面通知用人单位。法律之所以规定要书面通知，就是要劳动者采取慎重而正规的表达方式。

## 在哪些情形下劳动者可以立即解除劳动合同?

劳动合同法第三十八条规定，用人单位以暴力、威胁或者非法限制人身自由的手段强迫劳动者劳动的，或者用人单位违章指挥、强令冒险作业危及劳动者人身安全的，劳动者可以立即解除劳动合同，不需事先通知用人单位。

## 如何理解“用人单位未按照劳动合同约定提供劳动保护或者劳动条件”？

如果单位安排劳动者工作的环境和工作条件恶劣，存在安全隐患或漏洞，有可能给劳动者的安全带来威胁，或者劳动者的工作环境与劳动合同约定的内容不符，劳动者都可以以此理由提出解除劳动合同。

## 如何理解用人单位未及时足额支付劳动报酬?

劳动合同法规定，未及时足额支付劳动报酬的，劳动者可以解除劳动合同。所谓的“未及时足额支付劳动报酬”包括两方面的含义：

一是未及时发放工资。所谓“及时”，根据我国《工资支付暂行规定》，工资必须在用人单位与劳动者约定的日期支付。

二是未足额发放工资。所谓“足额”，是指严格按照双方在劳动合同中约定的工资报酬总额发放。

## 如何理解用人单位的规章制度违反法律法规的规定，损害劳动者权益？

根据劳动合同法规定，用人单位在制定、修改或者决定有关劳动报酬、工作时间、休息休假、劳动安全卫生、保险福利、职工培训、劳动纪律以及劳动定额管理等直接涉及劳动者切身利益的规章制度或者重大事项时，应当与工会或者职工代表平等协商确定。同时，法律还规定，规章制度和重大事项要经过公示并告知劳动者。规章制度的内容要合法。如果用人单位的规章制度违反上述规定，就是违反法律法规的规定，当其给劳动者造成损害时，劳动者可以解除劳动合同。

## 如何理解“用人单位以欺诈、胁迫的手段或者乘人之危，使劳动者在违背真实意思情况下订立或者变更劳动合同”？

欺诈是指当事人一方故意制造假象或者隐瞒事实真相，欺骗对方，诱使对方形成错误认识而与之订立劳动合同的行为。

胁迫是指以给劳动者及其亲友的生命健康、荣誉、名誉、财产等造成损害为要挟，迫使劳动者违背自己真实意愿而订立劳动合同的行为。

乘人之危是指用人单位在劳动者处于危急关头、危难处境时，利用其紧迫需要，迫使劳动者违背自己的真实意愿而订立劳动合同的行为。

## 如何理解用人单位在劳动合同中免除自己的责任、排除劳动者权利？

这一情形通常表现为：劳动合同简单化，法定条款缺失，只规定劳动者应当承担的义务，不规定劳动者享有的相应权利，更不规定用人单位的义务。实践中出现较多的是造成劳动者人身伤害的免责条款，这种情况下，即便是劳动者出于自愿放弃劳动保护的权利，也应当认定为该劳动合同无效。

## 如何理解用人单位以暴力、威胁或者非法限制人身自由的手段强迫劳动者劳动？

暴力，是指对劳动者实施捆绑、拉拽、殴打、伤害等行为。

威胁，是指对劳动者施以暴力或者其他恐吓手段。

非法限制人身自由，是指采用拘留、禁闭或其他强制方法非法剥夺或限制他人按照自己的意志支配自己身体活动的行为。人身自由是公民各种自由权利当中的一项基本权利，是公民参加社会活动和享受其他权利的先决条件。

如果企业通过上述行为，强迫劳动者劳动，是严重侵犯劳动者人身权利的行为，是违法的，劳动者有权随时解除劳动合同，而无须事先告知用人单位。

## 如何理解用人单位违章指挥、强令冒险作业危及劳动者人身安全？

对于用人单位不顾及劳动者的人身安全，对从事危险作业，如采矿工人、高空作业人员等，在没有安全防护的情况下，强令劳动者进行作业的行为，劳动者有权拒绝并撤离作业场所，并可以立即解除劳动合同。

## 在哪些情形下，用人单位可以与劳动者解除劳动合同？

按照劳动合同法和劳动合同法实施条例的规定，有下列情形之一的，依照劳动合同法规定的条件、程序，用人单位可以与劳动者解除固定期限劳动合同、无固定期限劳动合同或者以完成一定工作任务为期限的劳动合同：

1. 用人单位与劳动者协商一致的。

2. 劳动者在试用期间被证明不符合录用条件的。

3. 劳动者严重违反用人单位的规章制度的。

4. 劳动者严重失职、营私舞弊，给用人单位造成重大损害的。

5. 劳动者同时与其他用人单位建立劳动关系，对完成本单位的工作任务造成严重影响，或者经用人单位提出，拒不改正的。

6. 劳动者以欺诈、胁迫的手段或者乘人之危，使用人单位在违背真实意思的情况下订立或者变更劳动合同的。

7. 劳动者被依法追究刑事责任的。

8. 劳动者患病或者非因工负伤，在规定的医疗期满后不能从事原工作，也不能从事由用人单位另行安排的工作的。

9. 劳动者不能胜任工作，经过培训或者调整工作岗位，仍不能胜任工作的。

10. 劳动合同订立时所依据的客观情况发生重大变化，致使劳动合同无法履行，经用人单位与劳动者协商，未能就变更劳动合同内容达成协议的。

11. 用人单位依照企业破产法规定进行重整的。

12. 用人单位生产经营发生严重困难的。

13. 企业转产、重大技术革新或者经营方式调整，经变更劳动合同后，仍须裁减人员的。

14. 其他因劳动合同订立时所依据的客观经济情况发生重大变化，致使劳动合同无法履行的。

## 在哪些情形下，用人单位可以与试用期内劳动者解除劳动合同？

按照劳动合同法的规定，在试用期内，除非劳动者发生以下情形之一，否则，用人单位不得解除劳动合同。

1. 在试用期间被证明不符合录用条件的。

2. 严重违反用人单位的规章制度的。

3. 严重失职，营私舞弊，给用人单位造成重大损害的。

4. 劳动者同时与其他用人单位建立劳动关系，对完成本单位的工作任务造成严重影响，或者经用人单位提出，拒不改正的。

5. 以欺诈、胁迫的手段或者乘人之危，使对方在违背真实意思的情况下订立或者变更劳动合同，致使劳动合同无效的。

6. 被依法追究刑事责任的。

## 在试用期间不符合录用条件，如何掌握？

按照劳动合同法规定，职工在试用期间被证明不符合录用条件，用人单位可以解除劳动合同。但是用人单位行使该项权力的前提是要证明在试用期的员工不符合录用条件。如果无法证明，则不能以此解除劳动合同。因此，录用条件的科学设置成为用人单位在试用期间能否解除劳动合同的关键。而录用条件应体现在用人单位针对待聘职位拟定的职位说明书中，但同时还需要注意的是，职位说明书里规定的内容都应该是可考核或考评的。

## 什么是严重违反用人单位的规章制度？

按照劳动合同法的规定，职工严重违反用人单位的规章制度，用人单位可以解除劳动合同。至于什么是劳动者严重违反用人单位的规章制度，需要用人单位事先在规章制度中明确规定哪些情况属于“严重情形”，且可以解除劳动合同。用人单位要用量化的标准来界定“严重违反规章制度”的具体标准，尽量采用数量词，比如“一个月内累计迟到、早退达 5 次的视为严重违反规章制度，可予以立即辞退”，等等。需要注意的是，当用人单位以劳动者“严重违反单位的规章制度”为由与劳动者解除劳动合同时，其前提必须为该“规章制度”是经过合法程序制定，并提前曾向劳动者公示或者告知，是合法、有效，对劳动者具有约束力的。

## 怎样才算严重失职、营私舞弊、给用人单位造成重大损害？

严重失职、营私舞弊、给用人单位造成重大损害的主要依据，应当是企业的内部规章制度。最重要的是用人单位应当根据自身的特点在自己的规章制度中清楚明白地加以规定，并告知劳动者。用人单位要用量化的标准来界定“严重失职、营私舞弊、给用人单位造成重大损害”的具体标准，尽量采用数量词。比如，造成用人单位损失 10 万元以上，就是造成了重大损失等。

## 与被判刑劳动者解除劳动合同应该注意哪些问题？

根据劳动合同法规定，劳动者被依法追究刑事责任后，用人单位可以解除劳动合同。根据我国刑事诉讼法规定，任何人非经法院判决，不得认定为有罪。因此，用人单位欲以上述理由解除与职工的劳动合同时，需要有劳动者被追究刑事责任的事实存在，比如，劳动者已被法院作出生效判决有罪。需要说明的是，当职工被依法追究刑事责任后，用人单位可以解除劳动合同，但并不等于是自动解除或必须解除劳动合同。是否要解除劳动合同，决定权在用人单位。

## 在哪些情形下用人单位不能与劳动者解除劳动合同？

劳动合同法第四十二条规定，劳动者有下列情形之一的，用人单位不得依照本法第四十条、第四十一条的规定解除劳动合同：

1. 从事接触职业病危害作业的劳动者未进行离岗前职业健康检查，或者疑似职业病病人在诊断或者医学观察期间的。

2. 在本单位患职业病或者因工负伤并被确认丧失或者部分丧失劳动能力的。

3. 患病或者非因工负伤，在规定的医疗期内的。

4. 女职工在孕期、产期、哺乳期的。

5. 在本单位连续工作满 15 年，且距法定退休年龄不足 5 年的。

6. 法律、行政法规规定的其他情形。

## 用人单位可以解除与符合解雇保护情形但有过失的职工签订的劳动合同吗？

所谓的解雇保护，是指为保护一些弱势劳动者，法律对用人单位解雇权加以限制的措施。实行解雇保护是各国的通行做法。劳动合同法第四十二条规定的相关规定就是对无过失的劳动者的解雇保护。按照劳动合同法，对符合解雇保护情形的劳动者是不能依照劳动合同法第四十条、第四十一条的规定解除劳动合同的。但如果劳动者有过失，用人单位还是可以依照劳动合同法第三十九条的规定解除劳动合同，不受第四十二条的限制。

## 女职工在孕期严重违纪，单位可以解除劳动合同吗？

女职工在孕期严重违纪，单位可以解除劳动合同。这是因为，劳动合同法第四十二条所规定的不能解除劳动合同的情形，仅限于不得按照本法第四十条、第四十一条的规定解除劳动合同，也就是不得按照患病或者非因工负伤、不能胜任工作和经济裁员等情形解除合同，而如果用人单位按照劳动合同法第三十九条的规定解除劳动合同，即以不符合录用条件、严重违反规章制度、严重失职、被追究刑事责任等理由解除合同，并没有违反劳动合同法的规定。女职工在孕期严重违反用人单位的规章制度，或者严重失职、被追究刑事责任，用人单位可以解除劳动合同。同理，用人单位也可以对从事接触职业病危害作业的劳动者未进行离岗前职业健康检查，或者疑似职业病病人在诊断或者医学观察期间的；在本单位患职业病或者因工负伤并被确认丧失或者部分丧失劳动能力的；患病或者非因工负伤，在规定的医疗期内的；在本单位连续工作满 15 年，且距法定退休年龄不足 5 年的都可以严重违反规章制度、严重失职、被追究刑事责任等理由解除劳动合同。

## 什么是经济性裁员？

经济性裁员，也称经济裁员，或规模性裁员，是指用人单位为保持自己在市场经济中的竞争能力，一次性解雇多个劳动者的行为。经济性裁员的目的，是以裁员换取生产经营状况的改善，渡过暂时的难关。

## 为什么允许企业实行经济性裁员？

允许企业实行经济性裁员，是保护企业经营自主权的重要体现。现代企业制度中企业是经济主体，自主经营，自负盈亏，因此享有经营自主权是现代企业的应有权利。企业经营自主权包括两个方面：一是生产自主权，二是用人自主权。企业可以根据自己的实际需要安排生产和招用人员，也可根据生产经营变化相应增加或裁减人员。如果企业在生产经营困难的情况下都不能裁减人员，那么企业的自主权就无法落实，也会使企业背上冗员的包袱。在劳动法律中承认经济性裁员是各国普遍的做法，国外劳动法中基本都有经济性裁员的内容。有鉴于此，我国劳动法和劳动合同法中都允许企业实行经济性裁员。

## 用人单位在哪些情形下可以进行经济性裁员？

劳动法规定，用人单位只有在濒临破产进行法定整顿期间或者生产经营状况发生严重困难时才可以裁员。劳动合同法延续劳动法关于经济性裁员的规定，并规定在以下情形下，用人单位可以进行裁员：

1. 依照企业破产法规定进行重整的。

2. 生产经营发生严重困难的。

3. 企业转产、重大技术革新或者经营方式调整，经变更劳动合同后，仍需裁减人员的。

4. 其他因劳动合同订立时所依据的客观经济情况发生重大变化，致使劳动合同无法履行的。

## 什么叫企业重整？

企业重整通常是指对那些已经具有破产迹象而又有再生希

望的企业实施的旨在拯救其生存的救助程序。当企业经济步入逆境时，为使企业再现昔日雄风，重新步入辉煌，需调整其经营方向，改变经营模式，变换经营方法，加强管理力度，并对其资产及组织进行整顿、整改、整合。上述过程的实施就是企业重整。我国破产法设置了企业重整制度，其主要目的，就是避免企业进入破产程序，使经营失败的企业有可能通过企业重整而得到复苏和振兴的机会。

## 在哪些情形下企业可以申请重整？

按照企业破产法的规定，在下列情况下，债务人或债权人可以向人民法院申请对债务人进行重整：

一是企业法人不能清偿到期债务，并且资产不足以清偿全部债务的。

二是企业法人不能清偿到期债务，并且明显缺乏清偿能力的。

三是企业法人不能清偿到期债务，并且有明显丧失清偿能力可能性的。

## 什么是生产经营发生严重困难？

对此，没有国家统一的标准，主要由各地自行认定。一般来说，在认定“生产经营发生严重困难”的问题上，各地主要参考下列条件：

一是企业生产经营连续多年实际亏损，亏损额逐年增加，且生产经营状况无明显好转。

二是连续几年开工率严重不足。

三是企业资产负债率较高和流动资金严重缺乏。

四是有一半以上职工放假待工。

五是连续多月不能正常支付职工工资、缴纳社会保险费。

## 为什么允许企业在生产经营发生严重困难的情况下可以解除劳动合同？

市场经济中的企业无时不面临着激烈竞争，一旦对市场需求判断失误或者决策偏差等，企业的生产经营可能就会发生困难。在用人单位的生产经营发生严重困难时，应允许用人单位通过各种方式进行自救，而不是进一步陷入破产、关闭的绝境。在用人单位的生产经营发生严重困难时，裁减人员、缩减员工规模是一项比较有效的缓解措施，从全局看，对用人单位的劳动者群体是有利的，但涉及特定劳动者的权益，应慎重处理。因此，劳动合同法在允许用人单位在生产经营发生困难时采取经济性裁员的措施，但同时要求用人单位要慎用该手段，因而在“困难”两字之前加了“严重”的限制。

## 为什么企业转产、重大技术革新或者经营方式调整情况下可以进行裁员？

在企业生产经营过程中，企业为了寻求生存和更大发展，必然要进行结构调整和整体功能优化，这些方式包括企业转产、重大技术革新和经营方式调整。企业转产、重大技术革新或者经营方式调整并不必然导致用人单位进行经济性裁员，如企业转产的，从事原工作岗位的劳动者可以转到转产后的工作岗位。为了更好地保护劳动者合法权益，同时引导用人单位尽量不使用经济性裁员，劳动合同法要求企业转产、重大技术革新或者经营方式调整，只有在变更劳动合同后，仍需要裁减人员，才可进行经济性裁员。

## 如何理解客观经济情况发生重大变化？

客观经济情况发生重大变化，主要是指下列一些情形，如企业迁移，被兼并，企业资产转移，因环保、淘汰落后产能、征地而关闭，被上级主管部门撤销，因国家宏观经济政策调整对企业生产经营造成重大影响等。发生上述情形，都会致使原劳动合同无法履行或无法完全履行，因此法律允许在这些情形下进行经济性裁员。

## 用人单位实施经济性裁员应遵循哪些程序？

劳动合同法规定，用人单位实施经济性裁员应遵循以下程序：

1. 用人单位提前30日向工会或者全体职工说明情况。
2. 听取工会或者职工的意见。
3. 裁减人员方案要向劳动行政部门报告。

## 如何向劳动行政部门报告裁减人员方案？

用人单位经向工会或者全体职工说明情况，听取工会或者职工的意见，对原裁减人员方案进行必要修改后，形成正式的裁减人员方案。该裁减人员方案需要向劳动行政部门报告，以使劳动行政部门了解裁减情况，必要时采取相应措施，防止出现意外情况，监督经济性裁员合法进行。这里的“报告”性质上属于告知，不是事前许可或者审批。一般来说，报告要在正式实施前报送劳动行政部门。报送报告的同时，要附上企业工会的意见。

## 企业实行经济性裁员时应当优先留用哪些人员？

按照劳动合同法的规定，进行经济裁减人员时应当优先留用下列人员：

1. 与本单位订立较长期限的固定期限劳动合同的。

2. 与本单位订立无固定期限劳动合同的。

3. 家庭无其他就业人员，有需要扶养的老人或者未成年人的。

但是，多长时间算做“较长期限”，法律并未明确规定，各地要在具体工作中根据实际情况确定。

## 为什么企业实行经济性裁员时应当优先留用有关人员？

经济性裁员是市场经济条件下所有企业都可能面临的问题。因此，很多市场经济国家都规定，经济性裁员必须遵守社会福利原则，即裁员不能只考虑企业自己的利益和需要，还要考虑社会因素，裁员过程中要优先保护对用人单位贡献大、再就业能力较差的劳动者。如在德国，法律规定经济裁员时，必须先裁减年龄小的、工龄短的、家庭负担轻的、身体无残疾的，否则就违法。劳动合同法也参照了大多数市场经济国家的做法，规定企业实施经济裁员时必须优先留用三类人员。

## 劳动者在何种情形下不能被列为裁员对象？

劳动合同法规定，劳动者有下列情形之一的，用人单位不得通过裁员解除劳动合同：

1. 从事接触职业病危害作业的劳动者未进行离岗前职业健康检查，或者疑似职业病病人在诊断或者医学观察期间的。

2. 在本单位患职业病或者因工负伤并被确认丧失或者部分丧失劳动能力的。

3. 患病或者非因工负伤，在规定的医疗期内的。

4. 女职工在孕期、产期、哺乳期的。

5. 在本单位连续工作满 15 年，且距法定退休年龄不足 5 年的。

6. 法律、行政法规规定的其他情形。

## 被裁减人员在企业重新招人时是否具有优先就业权？

被裁减人员在企业重新招人时具有优先就业权。按照劳动合同法的规定，企业依法裁减人员，在 6 个月内重新招用人员的，应当通知被裁减的人员，并在同等条件下优先招用被裁减的人员。

之所以赋予被裁减人员优先就业权，主要出于三方面考虑：一是被裁减人员并不是因为个人有违法违纪违规的行为而被解除劳动合同的，是因为用人单位经营出现严重困难等情况服从大局而被解除劳动合同的，因此在用人单位生产经营正常后，重新招用人员时，应优先照顾被裁减的劳动者；二是被裁减人员对用人单位比较熟悉，技术也熟练，对用人单位而言并不完全是负担；三是可以有效防止用人单位以经济性裁员为借口，随意裁减劳动者。同时，为更好地保护被裁减人员的合法权益，劳动合同法给用人单位增加了通知被裁减人员的义务，以使被裁减人员慎重考虑，及时行使优先就业权。

## 用人单位单方解除劳动合同是否应当事先将理由通知工会？

劳动合同法第四十三条规定，用人单位单方解除劳动合同，应当事先将理由通知工会。用人单位违反法律、行政法规规定或者劳动合同约定的，工会有权要求用人单位纠正。用人单位应当研究工会的意见，并将处理结果书面通知工会。之所以作出这样的规定，主要是为了发挥工会在缓解、减少劳动争议方面的作用。同时，对用人单位单方解除劳动合同的知情权和要求用人单位纠正错误的解除劳动合同行为的权利，在工会法中也有专门的规定。

## 什么是劳动合同中止？

所谓劳动合同中止，是指在劳动合同履行的过程中，出现法定或者约定的状况，致使不能继续履行劳动合同，但是劳动关系仍继续保持的状态。一般来说，劳动合同中止，劳动者主观上并无过错，只是因客观原因才导致暂时无法履行劳动合同的义务，但仍有继续履行劳动合同的条件和可能的情形。有关部门曾经规定，“劳动者涉嫌违法犯罪被有关机关收容审查、拘留或者逮捕的，用人单位在劳动者被限制人身自由期间，可与其暂时停止劳动合同的履行”。对原固定工在取保候审期间，用人单位可以暂缓与其签订劳动合同，但不能以此为由予以辞退。一些地方也对劳动合同中止作出了规定，如《上海市劳动合同条例》第二十六条规定，劳动合同期限内，有下列情形之一的，劳动合同中止履行：（一）劳动者应征入伍或者履行国家规定的其他法定义务的；（二）劳动者暂时无法履行劳动合同的义务，但仍有继续履行条件和可能的；（三）法律、法规规定的或者劳动合同约定的其他情形。劳动合同中止情形消失的，劳动合同继续履行，但法律、法规另有规定的除外。

## 什么是劳动合同终止？

劳动合同终止，是指劳动合同期限届满或者有其他符合法律规定的情形出现导致劳动合同终止执行的法律行为。按照劳动法的规定，劳动合同期满或当事人双方约定的劳动合同终止条件出现，劳动合同即行终止。而劳动合同法对此进行了修正，规定劳动合同的终止只有法定情形的终止，而不能有约定条件下的终止，否则，即使约定了，也是无效的。

## “终止”与“解除”劳动合同一样吗？

劳动合同的终止与劳动合同的解除是两个完全不同的法律概念。劳动合同的解除是指劳动合同订立后，尚未全部履行以前，由于某种原因导致劳动合同一方或双方当事人提前消灭劳动关系的法律行为。劳动合同的终止是指劳动合同期满或者有其他符合法律规定的情形出现导致劳动合同终止执行，是劳动合同的正常结束。劳动合同的解除一定是双方不再存在劳动关系。劳动合同终止并不意味着劳动关系的消灭，可能因劳动合同延长、劳动合同续订、事实劳动法律关系的存在而继续劳动法律关系。

## 哪些情形下劳动合同终止？

根据劳动合同法的规定，有下列情形之一的，劳动合同终止：

1. 劳动合同期满的。
2. 劳动者开始依法享受基本养老保险待遇的。
3. 劳动者死亡，或者被人民法院宣告死亡或者宣告失踪的。
4. 用人单位被依法宣告破产的。
5. 用人单位被吊销营业执照、责令关闭、撤销或者用人单位决定提前解散的。
6. 法律、行政法规规定的其他情形。

## 劳动者达到法定退休年龄的，劳动合同能否终止？

按照劳动合同法实施条例的规定，劳动者达到法定退休年龄的，劳动合同终止。

## 劳动合同可不可以约定终止？

劳动合同法实施条例第十三条明确规定："用人单位与劳动者不得在劳动合同法第四十四条规定的劳动合同终止情形之外约定其他的劳动合同终止条件。"

## 哪些情形下劳动合同期满后应当续延？

按照劳动合同法的规定，如果劳动合同期满时，职工有下述情形之一的，用人单位不能终止劳动合同，要将劳动合同续延至相应的情形消失时终止：

1. 从事接触职业病危害作业的劳动者未进行离岗前职业健康检查，或者疑似职业病病人在诊断或者医学观察期间的。

2. 在本单位患职业病或者因工负伤并被确认丧失或者部分丧失劳动能力的。

3. 患病或者非因工负伤，在规定的医疗期内的。

4. 女职工在孕期、产期、哺乳期的。

5. 在本单位连续工作满 15 年，且距法定退休年龄不足 5 年的。

6. 法律、行政法规规定的其他情形。

## 患职业病或者因工负伤并被确认丧失或者部分丧失劳动能力的，劳动合同如何处置？

劳动合同法对患职业病或者因工负伤并被确认丧失或者部分丧失劳动能力的劳动合同终止作了例外规定，即劳动合同法第四十二条第二项规定，丧失或者部分丧失劳动能力劳动者的劳动合同的终止，按照国家有关工伤保险的规定执行。工伤保险的具体规定如下：

1. 职工因工致残被鉴定为一级至四级伤残的，即丧失劳动能力的，保留劳动关系，退出工作岗位。也就是说，只要职工因工致残被鉴定为一级至四级伤残，企业就不能终止劳动关系，要把职工一直养到退休。

2. 职工因工致残被鉴定为五级、六级伤残的，即大部分丧失劳动能力的，经工伤职工本人提出，该职工可以与用人单位解除或者终止劳动关系。也就是说，在这种情况下，劳动合同是否终止，决定权在于职工方，企业没有决定权。

3. 职工因工致残被鉴定为七级至十级伤残的，即丧失劳动能力的，劳动合同期满终止。

## 用人单位违法解除或者终止劳动合同的，应如何处理？

劳动合同法第四十八条规定："用人单位违反本法规定解除或者终止劳动合同，劳动者要求继续履行劳动合同的，用人单位应当继续履行；劳动者不要求继续履行劳动合同或者劳动合同已经不能继续履行的，用人单位应当依照本法第八十七条规定支付赔偿金。"

## 用人单位不为劳动者转移档案怎么办？

实践中，有的用人单位为了限制劳动者跳槽，拒不为劳动者出具解除或终止劳动合同的证明、不为劳动者转移档案、不为劳动者转移社会保险关系，等等，给劳动者带来不便。为防止类似行为，劳动合同法规定，用人单位应当在解除或者终止劳动合同时出具解除或者终止劳动合同的证明，并在 15 日内为劳动者办理档案和社会保险关系转移手续。劳动者在离职后，因社会保险或档案关系等转移手续办理与原单位产生争议的，可以作为劳动争议申请劳动仲裁，如对仲裁结果不服，还可以到人民法院起诉。

## 办理解除或者终止劳动合同的相关手续时，双方各有什么义务？

按照劳动合同法的规定，办理解除或者终止劳动合同的相关手续时，用人单位和劳动者各自应尽的义务和责任：劳动者应当按照双方约定，办理工作交接；用人单位需要向劳动者支付经济补偿金和赔偿金的，应在办理工作交接时支付，除此之外，用人单位还应当按规定为劳动者转移档案和社会保险关系。

## 单位对已经解除或者终止的劳动合同文本至少保存几年？

劳动合同法规定，用人单位对已经解除或者终止的劳动合同的文本，至少要保存 2 年备查。这是因为，从某种程度上来讲，这是与《劳动保障监察条例》衔接，根据《劳动保障监察条例第二十条》规定："违反劳动保障法律、法规或者规章的行为在 2 年内未被劳动保障行政部门发现，也未被举报、投诉的，劳动保障行政部门不再查处。"

## 什么是解除、终止劳动合同的证明？

解除、终止劳动合同的证明就是由用人单位在解除或者终止劳动合同时出具证明材料。劳动合同依法解除或者终止，劳动合同中约定的权利义务结束，但原劳动关系双方仍应履行有关法定义务，其中，用人单位首先要履行出具解除或者终止劳动合同的证明的义务。按照劳动合同法的规定，出具解除或者终止劳动合同的证明是用人单位的法定义务。

## 解除、终止劳动合同的证明书包含哪些内容？

劳动合同法实施条例规定了解除或者终止劳动合同的证明

书的内容，包括劳动合同期限、解除或者终止的日期、工作岗位、在本单位的工作年限。

所谓的劳动合同期限，是指劳动合同的有效时间，是双方当事人所订立的劳动合同起始和终止的时间，也是劳动合同具有法律约束力的时间。

所谓的劳动合同的终止日期，对固定期限的劳动合同来说，劳动合同约定的到期日期就是劳动合同终止的日期。劳动合同的终止时间，应当以劳动合同期限最后 1 日的 24 时为准。对已完成一定工作任务为期限的劳动合同来说，工作完成的当天就是劳动合同终止的日期。

劳动合同的解除日期则比较复杂，一般分为以下几种情况：（1）用人单位和劳动者协商一致解除劳动合同的，以双方约定的日期作为劳动合同解除的日期。（2）劳动者提前 30 日书面通知解除劳动合同的，以 30 日后的日期为劳动合同解除的日期。（3）劳动者在试用期内提前 3 日通知用人单位解除劳动合同的，以 3 日后的日期作为劳动合同解除的日期。（4）符合劳动合同法第三十八条第一款规定的情形的，以劳动者通知用人单位解除劳动合同的日期作为劳动合同解除的日期。（5）劳动者有过失时用人单位单方提出解除劳动合同的，以用人单位通知劳动者解除劳动合同的日期作为解除劳动合同的日期。（6）出现了符合劳动合同法第四十条规定的情形，用人单位提前 30 日以书面形式通知劳动者解除劳动合同的，以 30 日后的日期作为解除劳动合同的日期。若用人单位选择额外支付劳动者 1 个月工资代替提前 30 日以书面形式通知劳动者本人，则以用人单位通知劳动者解除劳动合同的日期为解除劳动合同的日期。（7）对符合经济性裁员的条件的用人单位，当履行完提前 30 日向工会或者全体职工说明情况，听取工会或者职工的意见并向劳动行政部门报告等程序后，裁减人员的日期为解除劳动合同的日期。

所谓的工作岗位，是指劳动者在本单位从事工作的具体岗位。

所谓的在本单位的工作年限，是指劳动者与同一用人单位保持劳动关系的时间，其中包括劳动者依法享有的医疗期时间。

## 用人单位未依法出具解除、终止劳动合同的书面证明的法律责任是什么？

劳动合同法将用人单位应当在解除或者终止劳动合同时出具解除或者终止劳动合同的证明作为用人单位的法定义务，并在第八十九条中明确规定，用人单位违反本法规定未向劳动者出具解除或者终止劳动合同的书面证明，由劳动行政部门责令改正；给劳动者造成损害的，应当承担赔偿责任。

## 单位规定“末位淘汰”合法吗？

用人单位与员工签订劳动合同后，双方都应当严格遵守合同，未经双方协商一致或法定解除合同的事由出现，任何一方都不能随意解除劳动合同。按照劳动合同法的规定，用人单位只能依法或协商解除劳动合同，而不能约定解除。解除合同有14种情形之多，但“末位淘汰”显然不属于法定可以解除劳动合同的情形。现在不少用人单位，为了追求经济效益，在用人制度上实行所谓的末位淘汰制，优中选优，而不考虑劳动者的权益，实际上是对劳动者合法权益的一种侵害。

# 第四编
# 劳务派遣

## 什么是劳务派遣？

劳务派遣又称劳动派遣、人才派遣、劳动力租赁，是一种新型的用工方式，是指用人单位以经营方式将招用的劳动者派遣至其他用人单位使用，由后者直接对劳动者的劳动过程进行管理的一种用工形式。

## 劳务派遣具有什么特征？

劳动力的“雇佣”和“使用”相分离是劳务派遣的本质特征。在“雇佣”和“使用”一体的直接雇佣关系运行模式下，劳动者与用人单位签订劳动合同，在用人单位的管理下从事生产劳动。在劳务派遣的三方关系下，派遣企业雇佣劳动者，用工单位根据与派遣企业的约定，实际使用被派遣劳动者。派遣企业行使“雇佣”职能，包括招聘、考核求职者，向被派遣劳动者支付工资、缴纳社会保险、提供福利待遇等。用工单位行使“使用”职能，包括提供工作岗位、发出生产指令、进行安全教育、监督管理等。

## 劳务派遣与劳务中介的区别是什么？

劳务派遣不同于劳务中介，其根本区别在于劳务派遣组织必须与被派遣人员签订劳动合同，建立劳动关系。劳务派遣组织与劳务人员是企业和员工的关系，其相互关系调整适用劳动方面的法律法规。

劳务中介组织主要是通过向企业和劳动者提供劳务信息服务收取一定的劳务中介费用。劳动者与劳务中介组织不签订劳动合同，所以也不存在劳动关系，其相互间的关系不受劳动法及相关法律调整，而是受民法调整。

## 《劳务派遣暂行规定》的适用范围包括哪些单位？

《劳务派遣暂行规定》明确规定，劳务派遣单位经营劳务派遣业务，企业使用被派遣劳动者，以及依法成立的会计师事务所、律师事务所等合伙组织、基金会以及民办非企业单位等组织使用被派遣劳动者，适用本规定。

## 为什么要对经营劳务派遣业务设立行政许可？

行政许可，是指行政机关根据公民、法人或者其他组织的申请，经依法审查，准予其从事特定活动的行为。2007 年颁布的劳动合同法没有规定对劳务派遣公司的设立实行行政许可制度。在劳动合同法执法检查过程中，各方均反映，针对劳务派遣滥用和侵权的状况，应当加大对劳务派遣单位的监督检查；而劳动行政部门由于缺乏监管手段，对从事劳务派遣的单位数量、派遣人数、派遣地区和用工单位的情况、用工岗位等，难以及时掌握和监督，特别是劳务派遣大多是异地派遣，更增加了行政监管难度，劳务派遣底数不清、情况不明成为亟须解决的问题。因此，2012 年劳动合同法修改时，立法机关决定对劳务派遣增设行政许可，以提高准入门槛、加大行政监管力度。

## 劳务派遣行政许可管辖权是如何划分的？

目前，劳务派遣行政许可管辖权属于各级人力资源和社会保障部门。在中央层面为人力资源和社会保障部；在地方，劳动行政部门是指省、市、县三级人民政府人力资源和社会保障厅（局）。人力资源和社会保障部主要负责对全国的劳务派遣行政许可工作进行监督指导，而不负责具体的劳务派遣行政许可工作。县级以上地方人力资源和社会保障行政部门的职责主要有两项：一是负责实施本行政区域内劳务派遣行政许可工作。县级以上地方人力资源和社会保障行政部门按照省、自治区、直辖市人力资源和社会保障行政部门确定的许可管辖分工，负责实施本行政区域内劳务派遣行政许可工作。二是负责劳务派遣相关的监督检查。

## 申请经营劳务派遣业务应具备哪些条件？

原劳动合同法第五十七条规定："劳务派遣单位应当依照公司法的有关规定设立，注册资本不得少于 50 万元。"仅对设立劳务派遣单位的形式和最低注册资本进行了限制，未规定行政许可准入限制，准入门槛过低。法律实施之后，劳务派遣公司大量出现，并呈现"小、乱、杂"的现象，成为劳动合同法修改需要重点规范的内容。因此，劳动合同法修改决定对其进行了修改，规定"申请经营劳务派遣业务应当具备下列条件：（一）注册资本不得少于人民币 200 万元；（二）有与开展业务相适应的固定的经营场所和设施；（三）有符合法律、行政法规规定的劳务派遣管理制度；（四）法律、行政法规规定的其他条件"。

## 为什么要提高注册资本金数额？

在修改劳动合同法调研过程中，很多人认为，最低 50 万元的注册资本金的公司实力，显然难以承受劳动用工过程中带来的诸如工伤等各种风险。社会各界建议，要改变目前劳务派遣行业"小、乱、杂"的现象，增强劳务派遣单位承担法律责任的经济实力。要淘汰那些资质差、能力弱、管理混乱的派遣单位，提升劳务派遣行业整体实力和水平。要增强劳务派遣单位的清偿能力，有效维护劳动者权益，综合考虑各方面意见，立法机关决定提高劳务派遣单位的注册资本金门槛，并最终将注册资本金提高为不少于 200 万元。

## 为什么要求劳务派遣机构要有与开展业务相适应的固定的经营场所和设施？

劳动合同法第五十七条规定了劳务派遣单位应当依照公司法的有关规定设立，这也就意味着劳务派遣单位应当符合公司设立的条件，有独立的经营场所。但是实践中，一些劳务派遣单位往往是“一张桌子、三两个人”的皮包公司，侵害被派遣劳动者权益后，关门一走了之，致使劳动行政部门难以监管，增大了劳动者权益维护的难度。为了防止这种皮包公司，保护被派遣劳动者的权益，劳动合同法修改决定明确规定，劳务派遣单位应当有与开展业务相适应的办公场所和设施。

## 为什么要求劳务派遣机构要有符合法律、行政法规规定的劳务派遣管理制度？

劳务派遣经营不规范的一个突出问题是，一些派遣单位内部管理混乱，基本制度缺乏，亟须规范。为了提高劳务派遣单位的专业化程度和规范运行，劳动合同法修改决定要求劳务派遣单位要有合法的劳务派遣专项管理制度，并将其作为申请行政许可时劳动行政部门审核的重要内容之一。

## 申请经营劳务派遣业务应当提交哪些材料？

《劳务派遣行政许可实施办法》规定，申请经营劳务派遣业务的，申请人应当向许可机关提交下列材料：

1. 劳务派遣经营许可申请书。

2. 营业执照或者《企业名称预先核准通知书》。

3. 公司章程以及验资机构出具的验资报告或者财务审计报告。

4. 经营场所的使用证明以及与开展业务相适应的办公设施设备、信息管理系统等清单。

5. 法定代表人的身份证明。

6. 劳务派遣管理制度，包括劳动合同、劳动报酬、社会保险、工作时间、休息休假、劳动纪律等与劳动者切身利益相关的规章制度文本；拟与用工单位签订的劳务派遣协议样本。

## 行政许可机关如何受理申请材料？

《劳务派遣行政许可实施办法》规定，许可机关收到申请材料后，应当根据下列情况分别作出处理：

1. 申请材料存在可以当场更正的错误的，应当允许申请人当场更正。

2. 申请材料不齐全或者不符合法定形式的，应当当场或者在 5 个工作日内一次告知申请人需要补正的全部内容，逾期不告知的，自收到申请材料之日起即为受理。

3. 申请材料齐全、符合法定形式，或者申请人按照要求提交了全部补正申请材料的，应当受理行政许可申请。

同时还规定，许可机关对申请人提出的申请决定受理的，应当出具受理决定书；决定不予受理的，应当出具不予受理决定书，说明不予受理的理由，并告知申请人享有依法申请行政复议或者提起行政诉讼的权利。

## 行政许可机关如何审查申请材料?

《劳务派遣行政许可实施办法》规定，许可机关决定受理申请的，应当对申请人提交的申请材料进行审查。根据法定条件和程序，需要对申请材料的实质内容进行核实的，许可机关应当指派两名以上工作人员进行核查。

许可机关应当自受理之日起 20 个工作日内作出是否准予行政许可的决定。20 个工作日内不能作出决定的，经本行政机关负责人批准，可以延长 10 个工作日，并应当将延长期限的理由告知申请人。

## 对《劳务派遣经营许可证》有哪些规定?

《劳务派遣行政许可实施办法》对《劳务派遣经营许可证》作了下列规定：

1.《劳务派遣经营许可证》应当载明单位名称、住所、法定代表人、注册资本、许可经营事项、有效期限、编号、发证机关以及发证日期等事项。《劳务派遣经营许可证》分为正本、副本。正本、副本具有同等法律效力。

2.《劳务派遣经营许可证》有效期为 3 年。

3.《劳务派遣经营许可证》由人力资源和社会保障部统一制定样式，由各省、自治区、直辖市人力资源和社会保障行政部门负责印制、免费发放和管理。

## 《劳务派遣经营许可证》是否可以出租、出借?

《劳务派遣经营许可证》是劳务派遣单位依法经营劳务派遣业务的法定凭证，按照《劳务派遣行政许可实施办法》的规定，劳务派遣单位有义务妥善保管劳务派遣经营许可证，专证专用，不得涂改、倒卖、出租、出借或者以其他形式非法转让。

## 《劳务派遣经营许可证》如何进行变更？

《劳务派遣行政许可实施办法》规定，劳务派遣单位名称、住所、法定代表人或者注册资本等改变的，应当向许可机关提出变更申请。符合法定条件的，许可机关应当自收到变更申请之日起 10 个工作日内依法办理变更手续，并换发新的《劳务派遣经营许可证》或者在原《劳务派遣经营许可证》上予以注明；不符合法定条件的，许可机关应当自收到变更申请之日起 10 个工作日内作出不予变更的书面决定，并说明理由。

## 劳务派遣行政许可的有效期如何延续？

《劳务派遣经营许可证》有效期为 3 年。劳务派遣单位需要延续行政许可有效期的，应当在有效期届满 60 日前向许可机关提出延续行政许可的书面申请，并提交 3 年以来的基本经营情况；劳务派遣单位逾期提出延续行政许可的书面申请的，按照新申请经营劳务派遣行政许可办理。这里需要提醒的是，行政许可有效期需要延续的，必须提出申请；超出规定期限提出延续申请的，应当按照新申请许可办理。

## 行政许可机关在什么情况下可以作出不予延续的决定？

《劳务派遣行政许可实施办法》规定，劳务派遣单位有下列情形之一的，许可机关应当自收到延续申请之日起 10 个工作日内作出不予延续书面决定，并说明理由：

1. 逾期不提交劳务派遣经营情况报告或者提交虚假劳务派遣经营情况报告，经责令改正，拒不改正的。

2. 违反劳动保障法律法规，在一个行政许可期限内受到两次以上行政处罚的。

## 劳务派遣单位设立的子公司、分公司经营劳务派遣业务的，是否需申请行政许可？

《劳务派遣行政许可实施办法》规定，劳务派遣单位设立子公司经营劳务派遣业务的，应当由子公司向所在地许可机关申请行政许可；劳务派遣单位设立分公司经营劳务派遣业务的，应当书面报告许可机关，并由分公司向所在地人力资源和社会保障行政部门备案。从上述规定可以看出，劳务派遣单位子公司经营劳务派遣业务要进行行政许可；分公司不申请许可，但必须向所在地人力资源和社会保障行政部门备案。

## 什么情况下行政许可机构可以撤销劳务派遣行政许可？

《劳务派遣行政许可实施办法》规定，有下列情形之一的，许可机关或者其上级行政机关，可以撤销劳务派遣行政许可：

1. 许可机关工作人员滥用职权、玩忽职守，给不符合条件的申请人发放《劳务派遣经营许可证》的。
2. 超越法定职权发放《劳务派遣经营许可证》的。
3. 违反法定程序发放《劳务派遣经营许可证》的。
4. 依法可以撤销行政许可的其他情形。

## 劳务派遣经营情况年度报告包括哪些内容？

《劳务派遣行政许可实施办法》规定，劳务派遣单位应于每年3月31日前向许可机关提交上一年度劳务派遣经营情况年度报告。之所以要建立年度报告制度，主要是想解决重事前许可、轻事后监管，或者只许可、不监管的问题。同时，也是为了将行政机关对行政许可的监督检查纳入制度化轨道。

按照《劳务派遣行政许可实施办法》规定，年度报告应包括下列事项：

1. 经营情况以及上年度财务审计报告。

2. 被派遣劳动者人数以及订立劳动合同、参加工会的情况。

3. 向被派遣劳动者支付劳动报酬的情况。

4. 被派遣劳动者参加社会保险、缴纳社会保险费的情况。

5. 被派遣劳动者派往的用工单位、派遣数量、派遣期限、用工岗位的情况。

6. 与用工单位订立的劳务派遣协议情况以及用工单位履行法定义务的情况。

7. 设立子公司、分公司等情况。劳务派遣单位设立的子公司或者分公司，应当向办理许可或者备案手续的人力资源和社会保障行政部门提交上一年度劳务派遣经营情况报告。

## 擅自经营劳务派遣业务的如何处罚?

劳动合同法修改决定规定，违反劳动合同法规定，未经许可，擅自经营劳务派遣业务的，由劳动行政部门责令停止违法行为，没收违法所得，并处违法所得 1 倍以上 5 倍以下的罚款；没有违法所得的，可以处 5 万元以下的罚款。

## 为什么规定劳务派遣是我国企业用工的补充形式?

劳动合同法修改决定规定，劳动合同用工是我国的企业基本用工形式，劳务派遣用工是补充形式。这是我国第一次明确提出，劳动合同用工是我国的企业基本用工形式，这对鼓励劳动合同用工，限制劳务派遣和其他形式的用工，规范我国的用工形式具有重大意义。之所以作出这样的规定，就是防止企业滥用劳务派遣，防止劳务派遣用工对我国主流用工形式的冲击。

## 劳务派遣可在哪些工作岗位上实施？

原劳动合同法第六十六条规定，劳务派遣一般在临时性、辅助性或者替代性的工作岗位上实施。但由于法律对什么是临时性、辅助性和替代性岗位没有作出明确的界定，致使企业随意界定“三性”岗位情况比较普遍，滥用三性岗位情况突出。因此，劳动合同法修改决定又作出了新的规定，即劳动合同用工是我国的企业基本用工形式，劳务派遣用工是补充形式，只能在临时性、辅助性或者替代性的工作岗位上实施。

## 什么是临时性、辅助性或者替代性的工作岗位？

劳动合同法修改决定规定，临时性工作岗位是指存续时间不超过 6 个月的岗位；辅助性工作岗位是指为主营业务岗位提供服务的非主营业务岗位；替代性工作岗位是指用工单位的劳动者因脱产学习、休假等原因无法工作的一定期间内，可以由其他劳动者替代工作的岗位。

## 如何确定辅助性岗位？

《劳务派遣暂行规定》第三条规定，用工单位决定使用被派遣劳动者的辅助性岗位，应当经职工代表大会或者全体职工讨论，提出方案和意见，与工会或职工代表平等协商确定，并在用工单位内公示。这一规定表明，辅助性岗位的确定，类似于企业规章制度的确定，只要经过民主程序听取工会和职工的意见就可以了，不一定强求达到一致。对于经平等协商达不成一致的，可以由企业单方确定。

### 用工单位违反有关辅助性岗位民主程序规定，应当承担的法律责任是什么？

《劳务派遣暂行规定》规定，用工单位违反有关辅助性岗位民主程序规定的，由人力资源和社会保障行政部门责令改正，给予警告；给被派遣劳动者造成损害的，依法承担赔偿责任。也就是说，如果用工单位确定使用被派遣劳动者的辅助性岗位，未按照规定进行平等协商的，一方面要受到行政处罚，具体处罚措施就是责令改正和给予警告，另一方面就要承担赔偿责任。

### 为什么要对劳务派遣用工实行比例限制？

劳动合同法颁布实施后，出现了劳务派遣单位数量大幅增加，劳动派遣用工规模迅速扩大，部分用工单位长期大量使用被派遣劳动者，劳务派遣比例过高的情况。个别中央企业劳务派遣用工占全部职工的比例高达 60% 以上。沿海发达地区部分外资、民营企业使用劳务派遣用工比例较高，个别用工单位使用劳务派遣比例高达 80%。为了解决劳务派遣被滥用问题，同时也是为了将劳务派遣用工规模控制在合理限度内，劳动合同法修改决定规定，用工单位应当严格控制劳务派遣用工数量，不得超过其用工总量的一定比例，具体比例由国务院劳动行政部门规定。

### 劳务派遣用工比例是多少？

《劳务派遣暂行规定》规定，用工单位应当严格控制劳务派遣用工数量，使用的被派遣劳动者数量不得超过其用工总量的 10%。

## 计算劳务派遣用工比例的用工单位指什么?

《劳务派遣暂行规定》第四条规定，计算劳务派遣用工比例的用工单位是指依照劳动合同法和劳动合同法实施条例可以与劳动者订立劳动合同的用人单位。

## 什么是计算劳务派遣用工比例的用工总量?

《劳务派遣暂行规定》规定，用工总量是指用工单位订立劳动合同人数与使用被派遣劳动者人数之和。之所以这样规定，主要是为了防止计算劳务派遣用工比例时产生歧义。

按照这一规定，计算劳务派遣用工比例的公式为：

劳务派遣用工比例 = 用工单位使用被派遣劳动者数量 /（用工单位订立劳动合同人数数量 + 用工单位使用被派遣劳动者数量）。

## 哪些使用被派遣劳动者的单位不受用工比例的限制?

外国企业常驻代表机构和外国金融机构驻华代表机构等使用被派遣劳动者的，以及船员用人单位以劳务派遣形式使用国际远洋船员的，不受“三性”岗位和用工比例的限制。之所以作出这样的规定，主要考虑到外国企业驻中国代表机构用工以及使用国际远洋船员的船员用人单位用工的特殊性。

## 什么是劳务派遣劳动合同?

劳务派遣劳动合同，是指劳务派遣单位与被派遣劳动者订立的劳动合同。

劳务派遣劳动合同与一般劳动合同在以下几个方面存在着不同之处：一是在合同的必备条款方面有所不同，劳务派遣劳动合同比一般劳动合同的必备条款增加了被派遣劳动者的用工单位、被派遣劳动者的派遣期限、被派遣劳动者在用工单位的工作岗位等三项内容。二是在合同期限方面也存在着差别，一般劳动合同的期限分为三种，即固定期限、无固定期限和以完成一定任务为期限，劳务派遣劳动合同期限只有一种，即 2 年以上的固定期限。三是用工单位出现过错时被派遣劳动者可以单方与劳务派遣单位解除合同。四是劳动者严重违反用工单位的规章制度、给用工单位造成损失时，劳务派遣单位也可以据此解除与劳动者的合同。五是一般劳动合同的解除条件并不全部适用劳务派遣单位。

### 劳务派遣劳动合同最低签多少年？

按照劳动合同法、《劳务派遣暂行规定》等法律法规的规定，劳务派遣单位应当与被派遣劳动者订立 2 年以上的固定期限的书面劳动合同，按月支付劳动报酬。之所以规定两年的固定期限，一方面是为了延长劳务派遣期较短的劳动者的劳动合同期限，保护被派遣者的就业稳定权；另一方面是为了防止用工单位与劳务派遣单位合作规避法律责任，防止其滥用劳动合同订立时所依据的客观情况发生重大变化，致使劳动合同无法履行，可依法解除劳动合同的规定。

### 劳务派遣单位可不可以与劳动者约定试用期？

《劳务派遣暂行规定》明确规定，劳务派遣单位可以依法与被派遣劳动者约定试用期。劳务派遣单位与同一被派遣劳动者只能约定一次试用期。

### 劳务派遣单位违法约定试用期要承担什么责任？

《劳务派遣暂行规定》明确规定，劳务派遣单位违法约定试用期的，按照劳动合同法第八十三条规定执行。而劳动合同法第八十三条的规定是，用人单位违反本法规定与劳动者约定试用期的，由劳动行政部门责令改正；违法约定的试用期已经履行的，由用人单位以劳动者试用期满月工资为标准，按已经履行的超过法定试用期的期间向劳动者支付赔偿金。比如，某派遣公司与劳务派遣职工签订了 2 年固定期限劳动合同，按照法律规定，只能约定 2 个月的试用期，但实际上却约定了半年，并已实际履行。那么，派遣单位就要以劳动者试用期满月工资为标准向劳动者多支付 4 个月的工资。

## 被派遣劳动者可以提前 30 日书面通知劳务派遣单位解除劳动合同吗？

《劳务派遣暂行规定》规定，被派遣劳动者提前 30 日以书面形式通知劳务派遣单位，可以解除劳动合同。被派遣劳动者在试用期内提前 3 日通知劳务派遣单位，可以解除劳动合同。劳务派遣单位应当将被派遣劳动者通知解除劳动合同的情况及时告知用工单位。

## 劳务派遣单位违法解除或者终止被派遣劳动者的劳动合同的如何处理？

劳动合同法实施条例规定，劳务派遣单位违法解除或者终止被派遣劳动者的劳动合同的，依照劳动合同法第四十八条的规定执行。即劳动者要求继续履行劳动合同的，用人单位应当继续履行；劳动者不要求继续履行劳动合同或者劳动合同已经不能继续履行的，用人单位应当依照本法第八十七条规定支付赔偿金。即按照经济补偿标准的 2 倍向劳动者支付赔偿金。

## 劳务派遣单位能以非全日制用工形式招用被派遣劳动者吗？

劳动合同法实施条例第三十条规定，劳务派遣单位不得以非全日制用工形式招用被派遣劳动者。这一规定具有两层含义：

一是劳务派遣单位在招用人员时，要严格执行劳动合同法的规定，依法与劳动者签订书面劳动合同。

二是在用工形式上，不得以非全日制用工形式招用被派遣劳动者。之所以作出这样的规定，主要是因为按照法律要求，劳务派遣单位必须与被派遣劳动者签订 2 年以上的劳动合同，使用非全日制用工不能满足这一要求。

## 什么是劳务派遣协议？

劳务派遣协议是劳务派遣单位就派遣劳动者与使用劳务派遣的用工单位订立的格式文书。

## 劳务派遣协议应当约定什么内容？

劳动合同法规定，劳务派遣协议应当约定派遣岗位和人员数量、派遣期限、劳动报酬和社会保险费的数额与支付方式以及违反协议的责任。《劳务派遣暂行规定》进一步明确规定，劳务派遣协议应当载明下列内容：

1. 派遣的工作岗位名称和岗位性质。

2. 工作地点。

3. 派遣人员数量和派遣期限。

4. 按照同工同酬原则确定的劳动报酬数额和支付方式。

5. 社会保险费的数额和支付方式。

6. 工作时间和休息休假事项。

7. 被派遣劳动者工伤、生育或者患病期间的相关待遇。

8. 劳动安全卫生以及培训事项。

9. 经济补偿等费用。

10. 劳务派遣协议期限。

11. 劳务派遣服务费的支付方式和标准。

12. 违反劳务派遣协议的责任。

13. 法律、法规、规章规定应当纳入劳务派遣协议的其他事项。

## 什么是劳务派遣协议期限？

劳务派遣协议期限，是指劳务派遣单位为用工单位提供劳务派遣服务的期限，即是两个单位合作的期限。劳务派遣协议期限到期，则两个单位的合作终止。这个期限一般较长，有的可能没有明确的截止日期。在这个期限内，劳务派遣单位可以依据用工单位的实际需求不断地向其派遣劳动者。

## 如何约定违反劳务派遣协议的责任？

违反劳务派遣协议的责任，是指劳务派遣单位或用工单位违反劳务派遣协议的约定时，应当承担的违约责任。在协议中，最大限度地明确约定违约情况及其产生的相关责任。这样既可避免双方因权责不明晰而出现扯皮现象，也能减少劳务派遣单位与用工单位互相推诿。

## 劳务派遣单位应当对被派遣劳动者履行哪些义务？

《劳务派遣暂行规定》规定，劳务派遣单位应当对被派遣劳动者履行下列义务：

1. 如实告知被派遣劳动者劳动合同法第八条规定的事项、应遵守的规章制度以及劳务派遣协议的内容。

2. 建立培训制度，对被派遣劳动者进行上岗知识、安全教育培训。

3. 按照国家规定和劳务派遣协议约定，依法支付被派遣劳动者的劳动报酬和相关待遇。

4. 按照国家规定和劳务派遣协议约定，依法为被派遣劳动者缴纳社会保险费，并办理社会保险相关手续。

5. 督促用工单位依法为被派遣劳动者提供劳动保护和劳动安全卫生条件。

6. 依法出具解除或者终止劳动合同的证明。

7. 协助处理被派遣劳动者与用工单位的纠纷。

8. 法律法规和规章规定的其他事项。

## 用工单位应当对被派遣人员履行什么义务？

根据劳动合同法第六十二条等规定，用工单位应当履行下列义务：

1. 执行国家劳动标准，提供相应的劳动条件和劳动保护。

2. 告知被派遣劳动者的工作要求和劳动报酬。

3. 支付加班费、绩效奖金，提供与工作岗位相关的福利待遇。

4. 对在岗被派遣劳动者进行工作岗位所必需的培训。

5. 连续用工的，实行正常的工资调整机制。

6. 保证被派遣劳动者享有与用工单位的劳动者同工同酬的权利。

7. 用工单位不得将被派遣劳动者再派遣到其他用人单位。

8. 用工单位不得向被派遣劳动者收取费用。

9. 对跨地区派遣劳动者，应当保证被派遣劳动者享有的劳动报酬和劳动条件，符合用工单位所在地的标准。

10. 保证被派遣劳动者依法参加或者组织工会的权利。

11. 用工单位应当根据工作岗位的实际需要与劳务派遣单位确定派遣期限，不得将连续用工期限分割订立数个短期劳务派遣协议。

12. 不能有超“三性”岗位，不能违反辅助性岗位确定程序。

13. 不能超比例用工。

14. 不能违法退回。

## 被派遣劳动者发生工伤事故伤害如何处置?

为避免劳务派遣单位和用工单位在被派遣劳动者发生工伤时相互推诿责任，侵害发生工伤的被派遣劳动者的合法权益，《劳务派遣暂行规定》对申请工伤认定的主体等作出明确规定，被派遣劳动者在用工单位因工作遭受事故伤害的，劳务派遣单位应当依法申请工伤认定，用工单位应当协助工伤认定的调查部门核实工作。也就是说，在工伤认定方面，劳务派遣单位要负主要责任，用工单位负次要责任。

根据《工伤保险条例》关于用人单位应承担工伤保险责任的规定，《劳务派遣暂行规定》明确规定，劳务派遣单位承担工伤保险责任。所谓的工伤保险责任，主要包括三项内容：一是履行劳动安全卫生责任，切实搞好劳动保护，尽量减少工伤事故；二是参加工伤保险，缴纳保险费用的责任；三是进行工伤赔偿的责任。

考虑到在劳务派遣用工形式下，由于劳动力雇佣和使用相分离的特殊性，被派遣劳动者的工伤事故主要发生在为用工单位提供劳动的过程中，同时考虑到，劳务派遣单位经济能力有限，其收入主要来自用工单位的服务费，实践中可能无力承担数额较大的工伤赔偿费用，有鉴于此，《劳务派遣暂行规定》亦明确规定，劳务派遣单位承担工伤保险责任，但可以与用工单位约定补偿办法。

## 被派遣劳动者的职业病诊断、鉴定由谁负责？

职业病是指劳动者在职业活动中，因接触粉尘、放射性物质和其他有毒、有害因素而引起的疾病。

职业病防治法第八十八条第二款规定："劳务派遣用工单位应当履行本法规定的用人单位的义务。"根据这一规定，《劳务派遣暂行规定》明确规定，被派遣劳动者在申请进行职业病诊断、鉴定时，用工单位应当负责处理职业病诊断、鉴定事宜，并如实提供职业病诊断、鉴定所需的劳动者职业史和职业危害接触史、工作场所职业病危害因素检测结果等资料，劳务派遣单位应当提供被派遣劳动者职业病诊断、鉴定所需的其他材料。

按照这一规定，处理职业病诊断、鉴定事宜的主要责任是用工单位。用工单位应当将工作过程可能产生的职业病危害及其后果、职业病防护措施和待遇等如实告知劳动者。对从事接触职业病危害作业的被派遣劳动者，应当组织上岗前、在岗期间和离岗时职业健康检查，并将检查结果如实告知劳动者。应当为被派遣劳动者建立职业健康监护档案，并按规定的期限妥善保存。被派遣劳动者进行职业病诊断、鉴定时，用工单位应当如实提供职业病诊断、鉴定所需的劳动者职业史和职业病危害接触史、工作场所职业病危害因素检测结果等资料。劳务派遣单位负次要责任，主要提供与劳动合同有关的情况。

## 劳务派遣单位经营许可未延续或被撤销、吊销的情况下，已派出的劳动者劳动合同是否需继续履行？

根据劳动合同法修改决定的规定，劳务派遣单位一旦失去经营劳务派遣行政许可，其派遣行为将属于擅自经营劳务派遣业务。但由于劳务派遣涉及劳务派遣单位、用工单位和劳动者三方关系，在劳务派遣单位失去行政许可的情况下，有些劳动者还在用工单位工作，有些劳动者的劳动合同还未到期，如何处理等问题就显得非常棘手。为此，《劳务派遣暂行规定》明确规定，劳务派遣单位行政许可有效期未延续或者《劳务派遣经营许可证》被撤销、吊销的，已经与被派遣劳动者依法订立的劳动合同应当履行至期限届满。双方协商一致，可以解除劳动合同。

## 劳务派遣单位灭失后如何安置由其派遣到用工单位的被派遣劳动者？

实践中，经常会出现这类情况，由于各种各样的原因，如破产、关闭等，致使劳务派遣单位不存在了，但它派遣到用工单位的劳动者还在用工单位的工作岗位上。为了处置这种情况，《劳务派遣暂行规定》明确规定，劳务派遣单位被依法宣告破产、吊销营业执照、责令关闭、撤销、决定提前解散或者经营期限届满不再继续经营的，劳动合同终止。用工单位应当与劳务派遣单位协商妥善安置被派遣劳动者。在这里，把妥善安置劳动者的责任赋予了用工单位，用工单位要切实负起责任。

## 哪些情形下用工单位可以将被派遣劳动者退回劳务派遣单位？

劳动合同法和《劳务派遣暂行规定》对用工单位退回被派遣劳动者的情形作出了具体规定。

劳动合同法规定，被派遣劳动者有本法第三十九条和第四十条第一项、第二项规定情形的，用工单位可以将劳动者退回劳务派遣单位，劳务派遣单位依照本法有关规定，可以与劳动者解除劳动合同。

劳动合同法第三十九条规定，劳动者有下列情形之一的，用人单位可以解除劳动合同：

1. 在试用期间被证明不符合录用条件的。

2. 严重违反用人单位的规章制度的。

3. 严重失职、营私舞弊、给用人单位造成重大损害的。

4. 劳动者同时与其他用人单位建立劳动关系，对完成本单位的工作任务造成严重影响，或者经用人单位提出，拒不改正的。

5. 因本法第二十六条第一款第一项规定的情形致使劳动合同无效的。

6. 被依法追究刑事责任的。

劳动合同法第四十条第一项、第二项规定，有下列情形之一的，用人单位提前 30 日以书面形式通知劳动者本人或者额外支付劳动者 1 个月工资后，可以解除劳动合同：

1. 劳动者患病或者非因工负伤，在规定的医疗期满后不能从事原工作，也不能从事由用人单位另行安排的工作的。

2. 劳动者不能胜任工作，经过培训或者调整工作岗位，仍不能胜任工作的。

《劳务派遣暂行规定》进一步增加了用工单位可以退回被派遣劳动者的情形，但在这些情形下，劳务派遣单位不得解除与被派遣劳动者劳动合同。具体规定中，有下列情形之一的，用工单位可以将被派遣劳动者退回劳务派遣单位：

1. 用工单位因劳动合同法第四十条第三项（客观情况

发生重大变化）、第四十一条（即裁员的 4 种情形）规定情形的。

2. 用工单位被依法宣告破产、吊销营业执照、责令关闭、撤销、决定提前解散、经营期限届满不再继续经营的。

3. 劳务派遣协议期满终止的。

## 在哪些情形下用工单位不能退回被派遣劳动者？

为保护处于特殊情况下的被派遣劳动者的合法权益，《劳务派遣暂行规定》明确规定，被派遣劳动者有劳动合同法第四十二条情形的，在派遣期限届满前，用工单位不得依据劳动合同法第四十条第三项、第四十一条规定情形将被派遣劳动者退回劳务派遣单位。派遣期限届满的，应当延续至相应情形消失方可退回。

劳动合同法第四十二条规定的情形是：

1. 从事接触职业病危害作业的劳动者未进行离岗前职业病健康检查，或者疑似职业病病人在诊断或者医学观察期间的。

2. 在本单位患职业病或者因工负伤并被确认丧失或者部分丧失劳动能力的。

3. 患病或者非因工负伤，在规定的医疗期内的。

4. 女职工在孕期、产期、哺乳期的。

5. 在本单位连续工作满 15 年，且距法定退休年龄不足 5 年的。

6. 法律、行政法规规定的其他情形。

## 用工单位违法退回被派遣劳动者应承担什么责任？

《劳务派遣暂行规定》明确规定，用工单位违反本规定退回被派遣劳动者的，按照劳动合同法第九十二条第二款规定执行。

劳动合同法第九十二条第二款的具体规定是，劳务派遣单位、用工单位违反本法有关劳务派遣规定的，由劳动行政部门责令限期改正；逾期不改正的，以每人 5000 元以上 1 万元以下的标准处以罚款，对劳务派遣单位，吊销其劳务派遣业务经营许可证。用工单位给被派遣劳动者造成损害的，劳务派遣单位与用工单位承担连带赔偿责任。

## 为什么用工单位不能“转派遣”？

所谓“转派遣”，就是指用工单位将被派遣劳动者再派遣到其他用人单位的行为。劳动合同法规定，用工单位不得将被派遣劳动者再派遣到其他用人单位。劳务派遣用工是一种非典型的用工形式。为维护被派遣劳动者的权益，劳动合同法设计了劳务派遣单位、用工单位以及劳动者之间的权利义务。如果允许用工单位再次将被派遣劳动者派到其他单位劳动，那么，将产生更多的劳动关系主体，他们之间的权利义务关系将难以确定，将不利于维护被派遣劳动者的权益，因此，法律禁止用工单位将被派遣劳动者再次派遣。

## 用人单位能否设立劳务派遣单位向本单位或者所属单位派遣劳动者？

劳动合同法明确规定，用人单位不得设立劳务派遣单位向本单位或者所属单位派遣劳动者。劳动合同法实施条例进一步规定，用人单位或者其所属单位出资或者合伙设立的劳务派遣单位，向本单位或者所属单位派遣劳动者的，属于劳动合同法第六十七条规定的不得设立的劳务派遣单位。之所以这样规定，主要是为了防止企业规避法律责任。在实践中，有些企业为了降低用工成本，将一些原来的正式工以改制的名义，分流到企业设立的劳务派遣公司，然后又以劳务派遣公司的名义派遣到原岗位；有的企业将内设的劳动管理机构挂上劳务派遣公司的牌子，将招用的员工以劳务派遣公司的名义派遣到所属企业，还有其他一些设立劳务派遣公司的乱象。诸如此类的现象，对保护劳动者合法权益极为不利。为此，法律法规严禁用人单位设立劳务派遣单位向本单位或者所属单位派遣劳动者。

## 什么是同工同酬？

为贯彻劳动法，原劳动部于 1994 年下发关于劳动法若干条文的说明，对同工同酬进行了界定。关于劳动法若干条文的说明规定，所谓同工同酬是指在相同岗位提供等量劳动取得同等业绩的劳动者应获得相同的劳动报酬。

## 同工同酬是否就意味着相同岗位拿同样的钱？

从同工同酬定义来看，同工同酬是有条件的，即只有在岗位相同、付出的劳动量相同、取得业绩相同的条件下，工资才能相同。不是说只要岗位相同，不论干多干少、干好干坏都拿同样的钱。劳动合同法修改决定所规定的“相同的劳动报酬分配办法”，也绝不等于说相同岗位就拿同样的钱。

## 法律法规对被派遣员工的工资有哪些规定？

劳动合同法、劳动合同法修改决定对被派遣员工的工资明确规定：

1. 劳务派遣单位应当与被派遣劳动者订立 2 年以上的固定期限劳动合同，按月支付劳动报酬；被派遣劳动者在无工作期间，劳务派遣单位应当按照所在地人民政府规定的最低工资标准，向其按月支付报酬。

2. 劳务派遣单位不得克扣用工单位按照劳务派遣协议支付给被派遣劳动者的劳动报酬。

3. 劳务派遣单位跨地区派遣劳动者的，被派遣劳动者享有的劳动报酬和劳动条件，按照用工单位所在地的标准执行。

4. 被派遣劳动者享有与用工单位的劳动者同工同酬的权利。用工单位应当按照同工同酬原则，对被派遣劳动者与本单位同类岗位的劳动者实行相同的劳动报酬分配办法。用工单位无同类岗位劳动者的，参照用工单位所在地相同或者相近岗位劳动者的劳动报酬确定。

劳务派遣单位与被派遣劳动者订立的劳动合同和与用工单位订立的劳务派遣协议，载明或者约定的向被派遣劳动者支付的劳动报酬应当符合前款规定。

5. 用工单位应告知被派遣劳动者的劳动报酬。

6. 支付加班费、绩效奖金，提供与工作岗位相关的福利待遇。

7. 对连续用工的，实行正常的工资调整机制。

## 为什么规定被跨地区派遣劳动者执行用工单位所在地的劳动报酬标准？

劳务派遣作为一种新的用人方式，可以跨地区、跨行业进行。在实践中，往往是由经济较为落后而劳动力相对过剩的地区向经济较为发达但劳动力相对短缺的地区进行劳务派遣，用工单位所在地区的劳动条件和劳动报酬条件一般要优于劳务派遣单位所在地区。有些劳务派遣单位按照用工单位所在地的标准收取了相关费用后，却只按照劳务派遣单位所在地的标准给劳动者支付劳动报酬，赚取其中的差价。有些用工单位提出只按照劳务派遣单位的标准提供劳动报酬和劳动条件。这类行为都侵害劳动者的合法权益，为此，劳动合同法第六十一条规定，劳务派遣单位跨地区派遣劳动者的，被派遣劳动者享有的劳动报酬和劳动条件，按照用工单位所在地的标准执行。这里的跨“地区”，既包括省、自治区、直辖市，也包括较大的市。劳动合同法作出该规定，基本上解决了由于劳动条件和劳动报酬的地区差异带来用工单位和劳务派遣单位与劳动者之间的争议，维护了劳动者的合法权益，同时也促进了劳务派遣市场的健康发展。

## 《劳务派遣暂行规定》对被派遣劳动者的福利有哪些新规定？

为切实保障被派遣劳动者的劳动报酬、福利待遇和社会保险等方面的平等权益，《劳务派遣暂行规定》根据劳动合同法修改决定，关于用工单位应当对被派遣劳动者与本单位同类岗位的劳动者实行相同的劳动报酬分配办法的规定精神，对被派遣劳动者的福利作出了一条新规定，即用工单位应当按照劳动合同法第六十二条的规定，向被派遣劳动者提供与工作岗位相关的福利待遇，不得歧视被派遣劳动者。

## 被派遣人员的社会保险费是由劳务派遣单位缴纳还是由用工单位缴纳？

按照劳动合同法的规定，应该由劳务派遣单位为劳务派遣人员缴纳各项社会保险费。但实践中，劳务派遣单位可以委托用工单位代为缴纳。

## 跨地区派遣劳动者的，如何参保缴费？

为贯彻同工同保原则，保护跨地区派遣中的被派遣劳动者的社会保险权益，《劳务派遣暂行规定》明确规定，劳务派遣单位跨地区派遣劳动者的，应当在用工单位所在地为被派遣劳动者参加社会保险，按照用工单位所在地规定缴纳社会保险费用，被派遣劳动者按照国家规定享受社会保险待遇。这里所说的“所在地”一般是指注册地，而不是指实际用工地，即劳动合同履行地。

## 跨地区派遣劳动者的，如何办理社会保险参保缴费？

《劳务派遣暂行规定》明确规定，劳务派遣单位在用工单位所在地设立分支机构的，应当由分支机构为被派遣劳动者办理参保手续，缴纳社会保险费。同时规定，劳务派遣单位未在用工单位所在地设立分支机构的，由用工单位代劳务派遣单位为被派遣劳动者办理参保手续，缴纳社会保险费。

## 如何为用工单位代劳务派遣单位办理参保缴费手续畅通渠道？

国家人力资源和社会保障部在下发贯彻落实暂行规定的通知时对此专门提出要求，各地要指导开展跨地区派遣业务但未在用工单位所在地设立分支机构的劳务派遣单位按照暂行规定要求，与用工单位通过劳务派遣协议明确约定社会保险参保缴费相关事宜。社会保险经办机构要研究制定相应办法，为用工单位代劳务派遣单位为被派遣劳动者办理参保缴费手续畅通渠道，提供有针对性的服务。对已在劳务派遣单位所在地参保或委托其他单位参保的，劳务派遣单位应当与用工单位协商处理好代为办理参保手续的交接工作，社会保险经办机构要认真做好被派遣劳动者的社会保险转移接续和权益记录。要按规定支付相应的社会保险待遇，确保劳动者的社会保险权益落到实处。

## 被派遣员工有权参加用工单位的工会吗？

参加工会是每一个劳动者的合法权益，任何人不能剥夺，劳务派遣员工也一样。劳动合同法第六十四条规定，被派遣劳动者有权在劳务派遣单位或者用工单位依法参加或者组织工会，维护自身的合法权益。

## 如何遵守《劳务派遣暂行规定》关于过渡期的规定？

《劳务派遣暂行规定》第二十八条规定，用工单位在本规定施行前使用被派遣劳动者数量超过其用工总量10%的，应当制定调整用工方案，于本规定施行之日起2年内降至规定比例。但是，劳动合同法修改决定公布前已依法订立的劳动合同和劳务派遣协议期限届满日期在本规定施行之日起2年后的，可以依法继续履行至期限届满。

用工单位应当将制定的调整用工方案报当地人力资源和社会保障行政部门备案。

用工单位未将本规定施行前使用的被派遣劳动者数量降至符合规定比例之前，不得新用被派遣劳动者。

理解上述规定，应注意把握以下几个关键问题：

1. 要正确区分享受过渡期的用工单位对象。只有在2014年3月1日前使用的被派遣劳动者数量超过其用工总量10%的用工单位，方能享受过渡期。低于10%的用工单位则没有过渡期。

2. 要正确理解过渡期的起止时间。过渡期的起止时间是从2014年3月1日至2016年2月29日，用工单位应当在此期间内将劳务派遣用工比例降至10%以内。在2016年3月1日后用工单位的比例仍然超过10%的，则应依法追究其法律责任。

3. 要注意特殊情形。劳动合同法修改决定公布前已依法订立的劳动合同和劳务派遣协议期限届满日期在本规定施行之日起 2 年后的，可以依法继续履行至期限届满。

4. 要切实履行报备程序。用工单位要按照属地管理原则，根据所在地的人力资源和社会保障行政部门的具体要求，向其上报调整用工方案。

5. 要正确理解禁止情形。用工单位未将本规定施行前使用的被派遣劳动者数量降至符合规定比例之前，不得新用被派遣劳动者。

# 第五编

# 非全日制用工

### 我国企业的用工形式有哪些？

按照劳动合同法等法律的规定，我国企业的用工形式可以分为直接招聘的全日制用工、劳务派遣用工、非全日制用工等三种形式。

### 什么是全日制用工？

一般所说的直接用工，就是指全日制用工。具体来说，全日制用工，即执行标准工时制度的用工，通常是按照国家规定每天工作不超过 8 小时，每周不超过 40 小时，每周最少休息 1 日。全日制用工是我国最常见、最通用的用工形式。

### 什么叫非全日制用工？

非全日制用工，又称小时工。它是一种与传统的全日制用工不同的用工方式，表现为工作时间达不到标准的全日制工作时间。世界各国都有非全日制用工这种用工形式，但各国对非全日制划分的标准并不一致。按照劳动合同法的规定，我国的非全日制用工是指以小时计酬为主，劳动者在同一用人单位一般平均每日工作时间不超过 4 小时，每周工作时间累计不超过 24 小时的用工形式。劳动合同法第一次通过法律的形式对非全日制用工进行规范。

### 非全日制用工的实质性标准是什么？

非全日制用工的实质性标准是：

在同一个用人单位平均每日工作时间不超过 4 个小时，每周工作时间累计不超过 24 小时。在同一单位中，劳动者每日工作不超过 4 小时，但每周工作时间累计超过 24 小时的，将构成一般的劳动关系，不再是非全日制用工；如果劳动者每天平均工作时间都超过 4 小时，也将构成一般劳动关系，不再是非全日制用工。与世界各国相比，我国关于非全日制用工的标准是最严格的。

## 非全日制用工具有哪些特征？

相对全日制用工，非全日制用工具有三个显著特点：

1. 以小时为单位计算报酬。

2. 劳动者在同一用人单位每日工作时间不超过 4 小时。

3. 灵活性强、流动性强。

## 劳动合同法为什么引入非全日制用工？

1. 现实的需要。随着我国经济结构的调整，非全日制用工作为一种新型的用工形式在我国得到了较为快速的发展。在我国，大约有几千万乃至上亿的劳动者从事各种灵活就业工作，其中有相当一部分劳动者从事的是非全日制工作。非全日制用工与全日制用工相比，尽管工作时间长短不同，具体适用规则也有所不同，但是在非全日制用工与全日制用工中，劳动者与用人单位之间形成的都是劳动关系。在劳动合同法立法中，立法机关认为，对这么大数量的非全日制用工现象不能视而不见。因此，劳动合同法对非全日制用工进行了相应规范，主要是为了明确非全日制用工中劳动合同双方的权利和义务，更好地保护非全日制用工中劳动者的合法权益。考虑到非全日制用工促进灵活就业等特点，在具体的劳动合同制度方面有一些特殊的规定，因此劳动合同法对非全日制用工在特别规定一章中作了专节规定。

2. 保护劳动者合法权益的需要。由于我国劳动法中并没有关于非全日制用工的规定，因此非全日制用工是否有合法地位，从事非全日制工作的劳动者有哪些劳动权益，以及如何保护这些劳动权益不清楚，缺乏法律依据，给劳动者维护其合法权益造成了很大的困难。实践中，从事非全日制用工的劳动者大多属于低端劳动者，主要包括进城的农民工、城市下岗职工、部分离退休人员等，这些群体有的文化程度不高，工资收入水平较低，其合法权益更容易被侵害。2003 年，原劳动和社会保障部印发了《关于非全日制用工若干问题的意见》，一些省、自治区、直辖市对非全日制用工制定了规范性文件，这些规范性文件对于解决实践中非全日制用工中存在的问题起到了积极的作用，使劳动者合法权益保护有了基本的规则。但由于这些规范性文件法律位阶较低，而非全日制用工中很多规则都要突破劳动法中关于劳动合同制度的一些规定，因此这些规范性文件本身受到了社会的一些质疑。劳动合同法对非全日制用工作出规范，首先是以法律的形式确认了非全日制用工为合法的用工形式，因非全日制用工形成的劳动关系为合法的劳动关系，从事非全日制工作的劳动者具有合法的地位，依法享有劳动权益；其次是非全日制用工中劳动者有明确的权利，包括取得不低于用人单位所在地人民政府规定的最低小时工资标准的工资、结算工资的周期以及劳动法中有关劳动权益的规定，如劳动保护等；再次是确认了非全日制用工属于劳动关系性质，因此发生争议时形成的是劳动争议，可以向劳动监察部门反映，也可以申请劳动仲裁和提起诉讼。

3. 完善劳动合同制度的需要。随着社会的发展，劳动关系的形式越来越多样化，除了传统的劳动合同外，非全日制用工劳动合同、劳务派遣劳动合同都已出现，劳动合同法关于非全日制用工的规定，既有一般劳动合同的原则，如订立劳动合同必须遵循合法、公平、平等自愿、协商一致、诚实信用原则，也有不同于一般劳动合同的具体规则，如不得约定试用期、不支付经济补偿金等。这样的规定使得劳动合同制度与社会发展相适应，丰富了劳动合同的内容，可以说是对劳动法关于劳动合同制度规定的新发展。

4. 促进就业的需要。非全日制用工主要有两项功能，一是作为灵活就业的重要形式，有利于缓解国家就业压力，促进劳动者就业。二是在一些发达国家，对一些劳动者，特别是女性劳动者而言，非全日制用工是提高生活质量的有效途径。我国就业压力比较大，每年劳动力供求缺口都在 1000 万个左右。劳动合同法赋予非全日制用工正式的法律地位和明确的规则，不但理顺了非全日制用工与全日制用工的关系，也给社会一个信号，国家保护非全日制用工这种就业形式。这种保护将对我国非全日制用工的发展，促进灵活就业起到积极的作用。

此外，用法律形式来规范非全日制用工是国际上通行的做法。国际劳工组织一向对各种灵活就业方式持肯定的态度。为了防止劳动者受到歧视和不公平待遇，国际劳动组织通过了《非全日制工作公约》和《非全日制工作建议书》。有关国际组织和国家都以法律形式来规范非全日制用工形式，一方面显示了承认并鼓励非全日制用工已经成为国际共识，另一方面也说明非全日制用工中劳动者处于较为弱势的地位，需要法律规范来保护劳动者的合法权益。学习借鉴国际经验，也需要在法律中引入非全日制用工相关规定。

## “小时工”与用人单位之间是劳动关系吗？

“小时工”与用人单位之间是劳动关系。非全日制用工本质上是一类用工形式，因此，在非全日制用工中，用人单位和劳动者之间形成的是劳动关系，而不是民事雇佣关系。双方达成的口头协议是劳动合同，而非民事合同。劳动合同法承认从事非全日制用工的劳动者与用人单位之间的关系仍为劳动关系，并进而确定从事非全日制工作的劳动者可以与一个或一个以上用人单位建立劳动关系，实质上是突破了劳动法意义上劳动关系只能在一对一的劳动者和用人单位之间建立的规定，确认了多重劳动关系的合法性。

## 家庭和个人雇用的小时工是否适用劳动合同法关于非全日制用工的规定？

家庭和个人雇用的小时工不适用劳动合同法关于非全日制用工的规定。因为家庭和个人不具备劳动法律规定的用人单位的主体资格，所以家庭和个人雇用的小时工不适用劳动合同法关于非全日制用工的规定。

## “小时工”可以同时与多个用人单位建立劳动关系吗？

劳动合同法规定，从事非全日制用工的劳动者可以与一个或者一个以上用人单位订立劳动合同。但是，后订立的劳动合同不得影响先订立劳动合同的履行。劳动合同法从法律上确认了劳动者可以同时与多个用人单位建立劳动关系的合法性。

## 为什么允许“小时工”可以同时与多个用人单位建立劳动关系？

允许“小时工”可以同时与多个用人单位建立劳动关系主要基于以下几方面的考虑：

1. 非全日制用工中，劳动关系比较松散，劳动者对用人单位的依附性较低，且劳动关系的存续有着很大的不确定性，要求劳动者为一个随时可能结束的劳动关系而放弃另一份工作是不合理的。

2. 非全日制用工的工时比较短，每天不超过 4 小时，因此，劳动者有较多的空闲时间，一般不会因为从事其他工作而影响开展现有的工作。

3. 非全日制用工的时间较短，因此劳动者的收入一般就会较低，为维持劳动者的基本生活，提高其生活质量，应当允许从事非全日制工作的劳动者凭自身能力，从事两种或两种以上的工作。

## “小时工”可以与其他单位建立全日制用工关系吗?

劳动合同法规定，从事非全日制用工的劳动者，可以与一个以上的用人单位同时建立劳动关系，订立劳动合同。这里，与其他单位建立的劳动关系是全日制用工下的劳动关系还是非全日制用工下的劳动关系，法律并未进一步作出规定。“法无禁止即可为”，因此，“小时工”可以与其他单位建立全日制用工关系是可以的。比如说，一个从事全日制工作的人，利用业余时间每天到某个单位工作 2 小时，挣点钱以补贴家用，还是可以的。现实中，这种情况也较普遍。但与其他单位建立劳动关系不能对完成本单位的工作任务造成严重影响。

## “小时工”与用人单位必须订立书面劳动合同吗?

劳动合同法第六十九条第一款规定，非全日制用工双方当事人可以订立口头协议。因此，作为“小时工”可以与用人单位通过口头约定的方式，建立和确定双方之间的劳动关系。之所以这样规定，主要是从实际出发，方便非全日制用工双方当事人。因为非全日制用工具有临时性、灵活性的特点，有时劳动关系时间很短，有时劳动关系并不连续，如果一味要求签订书面劳动合同，既不合理，也无必要。但也不排除双方协商一致订立书面劳动合同。

### 使用“小时工”可以约定试用期吗？

劳动合同法第七十条规定，非全日制用工双方当事人不得约定试用期。因此，作为“小时工”，即使同时与多个单位建立非全日制用工的劳动关系，各单位均不得与劳动者约定试用期。之所以这样规定，是因为从事非全日制工作的劳动者大多从事期限较短、任务单一的工作，一般不需要专门的试用期来考察了解劳动者能否胜任工作。

### “小时工”可以不参加社会保险吗？

“小时工”参不参加社会保险的问题不能一概而论。一般来说，受雇于家庭和没有参加社会保险义务的单位的小时工可以不参加社会保险；受雇于有参加社会保险义务单位的小时工，应按照原劳动和社会保障部《关于非全日制用工若干问题的意见》参加相关社会保险。一是参加基本养老保险，原则上参照个体工商户的参保办法执行。二是可以以个人身份参加基本医疗保险，并按照待遇水平与缴费水平相挂钩的原则，享受相应的基本医疗保险待遇。三是用人单位应当按照国家有关规定为建立劳动关系的非全日制劳动者缴纳工伤保险费。失业保险、生育保险暂时都可以不参加。

### 非全日制用工的工资支付形式是什么？

所谓工资支付形式，就是指工资分配所采取的具体方式。

最基本的工资支付方式有两种，一是计时工资，二是计件工资。计时工资是根据职工工资标准和工作时间来计算工资额的一种方式。计件工资是按照职工生产的合格产品数量或者完成的工作量，根据企业内部确定的计件工资单价，计算工资额的一种方式。计件工资主要适合一些生产型企业，在目标取向上与非全日制用工不一致，计件工资有利于提高劳动生产率，一般是在企业生产任务饱满的情况下实施的，而非全日制用工一般适用于服务行业，工作任务不平均的情形。因此，非全日制用工不实行计件工资。计时工资一般有四种具体计算标准：小时工资制、日工资制、周工资制和月工资制。鉴于非全日制用工的临时性、工作时间短且灵活等特点，无论是实行日工资制、周工资制还是月工资制都存在一些客观障碍，容易产生纠纷，因此非全日制用工中适合实行小时计酬方式。为更好地保护劳动者的合法权益，劳动合同法规定，非全日制用工应按小时计酬。

## 用人单位如何支付非全日制用工的工资？

按照劳动合同法规定，非全日制用工小时计酬标准不得低于用人单位所在地人民政府规定的最低小时工资标准。非全日制用工劳动报酬结算支付周期最长不得超过 15 日。

## “小时工”加班有加班费吗？

劳动合同法第六十八条规定，非全日制用工，是指以小时计酬为主，劳动者在同一用人单位一般平均每日工作时间不超过 4 小时，每周工作时间累计不超过 24 小时的用工形式。通过该规定可以看出，该法对小时工的要求是平均每天工作时间不超过 4 小时，一周累计工作时间不超过 24 小时，即小时工在某一天是可以工作 4 小时以上的，只要在一周的时间内累计工作没有超过 24 小时，那么用工单位就没有违反小时工的有关规定，也没有必要支付加班费。对于劳动者来说，其在某天工作时间超过了 4 小时，则用工单位可以让其在别的工作日里少工作几个小时，把其超过的时间补过来就可以。因此，不需要支付加班费。如果用工单位经常安排小时工超过 4 小时工作，那么不仅仅是支付加班费的问题，而是用工性质发生了变化，随之而来的是签订劳动合同、缴纳保险费等一系列问题。

## 非全日制用工双方当事人任何一方都可以随时通知对方终止用工吗？

劳动合同法第七十一条规定，非全日制用工双方当事人任何一方都可以随时通知对方终止用工。这里所谓的终止用工，实际上是指解除用工关系。也就是说，在非全日制用工中，解除用工关系是完全开放的，劳动者或用人单位可以随时、无理由解除。但双方事先约定了工作期限的，应该按照诚信原则，遵守约定。

## 用人单位终止非全日制用工，可以不向劳动者支付经济补偿吗？

劳动合同法第七十一条规定，如终止用工，用人单位不向劳动者支付经济补偿。之所以这么规定，主要出于以下考虑：

一是经济补偿的主要功能是帮助劳动者在失去工作后度过重新寻找工作的待业期。非全日制用工中，劳动者的时间本来就宽松，寻找一份非全日制工作也相对容易，劳动者还可以兼职，因此对劳动者而言，待业期是模糊的，经济补偿难有适用条件。

二是我国使用非全日制用工大多是中小微企业，它们生存压力较大，要求其为终止非全日制用工支付经济补偿，会给其造成更大的压力，甚至可能导致其难以生存。

## "小时工"工作期间出了意外事故怎么办？

按照原劳动和社会保障部作出的《关于非全日制用工若干问题的意见》等有关规定，"小时工"在工作期间一旦因工作原因发生意外事故，受到人身伤害，如果确定为工伤，劳动者就可依法享受工伤保险待遇；如用人单位未为"小时工"办理工伤保险，用人单位须承担相应的法律责任，为"小时工"承担相应费用。

## "小时工"工作期间与用人单位发生劳动争议如何处理？

在非全日制用工形式下，劳动者与用人单位建立的是劳动关系。因此，如果双方发生劳动争议，应按我国劳动争议的有关规定处理。职工投诉的，劳动监察部门应当受理；职工申请劳动仲裁的，劳动争议仲裁委员会应当依法立案处理。

# 第六编
# 违约金、赔偿金和经济补偿

## 什么是违约金？

违约金是指由合同约定或法律规定，当事人一方不履行或不按约定履行合同时，付给对方当事人一定数额的货币。这是合同法实务中较为常见的一种责任方式。就一般的理解，违约金是因违约而给对方的一种货币补偿。

## 违约金的适用范围是什么？

违约金只能对于违约行为适用，它只是违约责任形式而不适用于侵权责任。并且，只有在合同中约定了违约金条款且违约情形与约定相符时，才能适用违约金责任。由此可见，违约金责任的适用范围，比损害赔偿责任狭窄得多。

## 违约金有哪些形式？

一般来说，违约金有以下两种：

1. 惩罚性违约金，其作用意在惩罚，如果对方因违约而遭受财产损失，则违约一方除支付违约金外，还应另行赔偿对方的损失。

2. 补偿性违约金。这是对合同一方当事人因他方违约可能遭受的财产损失的一种预先估计，给付了违约金，即免除了违约一方赔偿对方所遭受的财产损失的责任，即使损失大于违约金，亦不再补偿。

## 违反劳动合同约定必须支付违约金吗？

按照劳动法的规定，劳动合同双方当事人可以约定违约金，但劳动合同法在这方面的规定发生了较大的变化，即对劳动者承担违约金作出了一定的限制。按照劳动合同法第二十五条的规定，劳动者除了违反服务期约定和竞业限制约定外，用人单位不得与劳动者约定由劳动者承担违约金。

## 为什么允许劳动合同就劳动者保守商业秘密事项和服务期事项约定违约金？

这是因为用人单位就这两项事项事先有投入，例如，用人单位因出资培训而与劳动者签订服务期条款，劳动合同就此对劳动者的辞职约定违约金，不是为了惩罚劳动者或担保合同的履行，而是补偿因劳动者辞职给企业造成的损失。这样的违约金的约定具有一定的合理性，单纯就劳动合同期限对劳动者约定的违约金显然不具有这样的合理性。劳动者干一天的活用人单位付一天的钱，违约金原则上对普通劳动者不适用。

## 为什么用人单位不得与劳动者约定由劳动者承担违约金？

法律作出这样的规定，主要是从保护劳动者权益的角度考虑的。具体来说，有以下几方面原因：

一是要保护劳动者在签订劳动合同时的意思自治权。在劳动合同签订时，由于用人单位与劳动者经济社会地位不平等和在劳动力市场谈判能力不对称，用人单位往往利用劳动者急于获得工作岗位的心理，在合同中加入不平等的条款，劳动者迫于生计不得已接受，其意思自治会受到用人单位的不正当影响。

二是要维护公平。在实际工作中，约定用人单位提前解除劳动合同的违约金责任很少，而约定劳动者支付违约金较多，明显不公平。

三是保护劳动自由。劳动者具有劳动自由，任何公共机构、私人组织和个人都无权强迫劳动者劳动，这就是现代劳动法上的劳动者劳动自由原则。我国劳动法第三十二条也规定用人单位不能强迫劳动，否则，劳动者有权即时辞职。

四是要充分尊重劳动者依法享有择业自主权。

## 什么是服务期？

服务期是劳动者因接受用人单位给予的特殊待遇而承诺必须为用人单位服务的期限。服务期只对劳动者具有约束力。服务期可以在劳动合同中约定，也可以通过其他专项协议约定。

## 法律为什么规定服务期？

法律之所以规定服务期，是因为用人单位对劳动者有投入并导致劳动者获得利益。用人单位为劳动者提供培训费用，并支付劳动报酬和其他待遇，使劳动者学到了本事。同时，用人单位使劳动者接受培训的目的，就是希望劳动者回来后为单位提供一定时期的劳动。如果劳动者服务期未满就离职而去，那么用人单位的期待就会落空。通过约定服务期，可以大体平衡劳动关系主体双方的利益。

## 服务期与劳动合同期限有什么区别？

服务期不同于劳动合同期限，它们之间有以下区别：

1. 服务期是在用人单位对劳动者履行了特定的义务，提供了特别的待遇时才能约定。劳动合同期限是用人单位和劳动者在签订劳动合同时约定。

2. 服务期与劳动合同期限没有必然联系，可以长于、等于或短于劳动合同期限。

3. 服务期的期限利益归用人单位，劳动者在服务期内不能随意解除和终止劳动合同，否则需要承担违约责任。而劳动合同期限的利益归于劳动者，劳动合同期限内，用人单位非法定理由不能解除劳动合同。

## 约定服务期应该具备哪些条件？

劳动合同法规定，用人单位为劳动者提供专项培训费用，对其进行专业技术培训的，可以与该劳动者订立协议，约定服务期。也就是说，用人单位只有在两个条件都具备的情况下才能与劳动者约定服务期：

一是培训费用必须是专项的。

二是培训性质必须是专业技术培训。

这里所说的专业技术培训，是指为提高劳动者特定技能而提供的专门的职业培训，上岗前的培训和日常业务培训不属于专业技术培训。

## 约定服务期的培训是否一定是脱产的？

约定服务期的培训，可以是脱产的、半脱产的，甚至可以是不脱产的。因为在实践中，用人单位往往因某个项目或者某种技术革新，给员工提供费用较大的培训，但脱产时间一般不会很长，更多地采取非脱产方式的专业技术培训。如果法律硬性规定必须脱产培训一定时间以上，才能约定服务期，许多接受培训的劳动者不履行约定的服务期而离职，会给用人单位造成较大的损失。一般情况下，越是不可或缺的人才，单位越不可能使其脱产培训很长时间，而只能采用非脱产的方式。总之，不管是否脱产，只要用人单位在国家规定提取的职工培训费用以外，专门花费较高数额的费用送劳动者去进行定向专业培训的，就可以与该劳动者订立协议，约定服务期。

## 什么是专项培训费用？

专项培训费用是用人单位为了对劳动者进行专业技术培训而支付的费用，上岗前关于安全生产、操作流程等的培训不在此列；从外延上看，用人单位为劳动者支付的专项培训费用既包括直接费用如培训费，也包括间接的费用，如培训期间的差旅费等。劳动合同法实施条例明确规定，劳动合同法第二十二条第二款规定的培训费用，包括用人单位为了对劳动者进行专业技术培训而支付的有凭证的培训费用、培训期间的差旅费用以及因培训产生的用于该劳动者的其他直接费用。

## 用人单位如何与劳动者约定服务期？

符合法律规定的，用人单位可以与劳动者约定服务期，但具体的服务期限如何约定，比如培训多长时间可以约定多长的服务期，法律并没有作出规定。法律没有作出规定，并不意味着可以随意约定，具体的服务期限要根据企业为员工培训的时间长短、费用多少来确定。如果两者相比显失公平的，也无法得到法律的支持。也就是说，服务期的期限可以自由约定，但是不能显失公平。

## 服务期期限与劳动合同期限不一致的如何处理？

根据劳动合同法实施条例第十七条之规定，劳动合同期满，但是用人单位与劳动者依照劳动合同法第二十二条的规定约定的服务期尚未到期的，劳动合同应当续延至服务期满；双方另有约定的，从其约定。

## 由用人单位解除约定服务期的劳动合同的，劳动者是否可以不支付违约金？

根据劳动合同法实施条例第二十六条第二款之规定，有下列情形之一，用人单位与劳动者解除约定服务期的劳动合同的，劳动者应当按照劳动合同的约定向用人单位支付违约金：

1. 劳动者严重违反用人单位的规章制度的。

2. 劳动者严重失职、营私舞弊、给用人单位造成重大损害的。

3. 劳动者同时与其他用人单位建立劳动关系，对完成本单位的工作任务造成严重影响，或者经用人单位提出，拒不改正的。

4. 劳动者以欺诈、胁迫的手段或者乘人之危，使用人单位在违背真实意思的情况下订立或者变更劳动合同的。

5. 劳动者被依法追究刑事责任的。

在其他情况下，由用人单位解除约定服务期的劳动合同的，劳动者可以不支付违约金。

## 由劳动者解除约定服务期的劳动合同的，是否都属于违反服务期的约定？

根据劳动合同法实施条例第二十六条第一款之规定，尽管用人单位与劳动者约定了服务期，但是用人单位有下列情形之一的，劳动者解除劳动合同，不属于违反服务期的约定，用人单位不得要求劳动者支付违约金：

1. 未按照劳动合同约定提供劳动保护或者劳动条件的。

2. 未及时足额支付劳动报酬的。

3. 未依法为劳动者缴纳社会保险费的。

4. 用人单位的规章制度违反法律法规的规定，损害劳动者权益的。

5. 因本法第二十六条第一款规定的情形（即以欺诈、胁迫的手段或者乘人之危，使对方在违背真实意思的情况下订立或者变更劳动合同的；用人单位免除自己的法定责任、排除劳动者权利的；违反法律、行政法规强制性规定的）致使劳动合同无效的。

6. 用人单位以暴力、威胁或者非法限制人身自由的手段强迫劳动者劳动的。

7. 用人单位违章指挥、强令冒险作业危及劳动者人身安全的。

8. 法律、行政法规规定劳动者可以解除劳动合同的其他情形。

## 劳动者违反服务期约定的会有什么不利后果？

根据劳动合同法第二十二条第二款之规定，劳动者违反服务期约定的，应当按照约定向用人单位支付违约金。

## 如何确定违反服务期的违约金数额？

根据劳动合同法规定，违约金的数额不得超过用人单位提供的培训费用。用人单位要求劳动者支付的违约金不得超过服务期尚未履行部分所应分摊的培训费用。这里有两层意思：

一是约定的违约金总额不得超过用人单位提供的培训费用，也就是劳动者在这里承担的违约金只具有补偿性质，是补偿用人单位的赔偿费用，而丧失了违约金原有的惩罚功能。

二是劳动者违反服务期约定的，实际上要求劳动者承担的违约金不得超过服务期尚未履行部分所应分摊的培训费用。这里的分摊在实践中多是按月计算。比如，培训费用 10 万元，服务期 5 年，则每年分摊 2 万元，如果已经服务 3 年，那么违约金不得超过尚未履行的 2 年服务期所应分摊的 4 万元培训费用。

## 服务期是否影响给劳动者涨工资?

按照劳动合同法第二十二条规定，用人单位与劳动者约定服务期的，不影响按照正常的工资调整机制提高劳动者在服务期期间的劳动报酬。也就是说，不能因为约定了服务期就不再调整劳动者的工资。这样规定的目的是防止用人单位借口约定了服务期而长期不给劳动者涨工资。

## 什么是竞业限制?

竞业限制，又叫“竞业禁止”，是对承担保密义务的劳动者在离开用人单位一定期限内从事职业的限制。具体是指用人单位的高级管理人员、高级技术人员和其他负有保密义务的人员，在劳动合同终止或者解除后的一定期限内，不得到与本单位生产或者经营同类产品、从事同类业务的有竞争关系的其他用人单位工作，也不得自己开业生产或者经营同类产品、从事同类业务。竞业限制条款在劳动合同中为延迟生效条款，也就是劳动合同的其他条款法律约束力终结后，该条款开始生效。竞业限制的目的是为了防止从业人员利用企业的商业秘密为自己和他人谋利益。世界各国都有竞业限制的规定，尤其是西方国家都建立了董事、经理竞业禁止制度。

## 为什么允许约定竞业限制?

劳动合同法允许约定竞业限制，旨在保护用人单位的商业秘密，同时防止用人单位之间的恶性竞争。具体来说有以下原因：

1. 保护商业秘密。商业秘密可以使用人单位获得竞争优势，如果被掌握商业秘密的职工带到有竞争关系的用人单位，势必给用人单位造成极大的损失。其一，这一损失是由于职工带走了商业秘密造成的，而商业秘密并不是职工在工作过程中形成的劳动技能，职工带走用人单位的商业秘密，有违诚实信用原则；其二，获得商业秘密的用人单位获得商业秘密的手段并不正当，应加以限制。正是考虑上述两个因素，劳动合同法允许用人单位与劳动者约定竞业限制，以保护用人单位的商业秘密。

2. 防止用人单位之间的恶性竞争。这里的恶性竞争，是指意欲获得竞争对手商业秘密的用人单位，不是通过合法合理的手段正当地竞争，而是把注意力放在掌握竞争对手商业秘密的该单位职工身上，通过吸引该职工离开原用人单位成为本单位的职工而获得该职工掌握的商业秘密，从而达到在竞争中占据优势地位的目的。恶性竞争不利于鼓励用人单位自主发展，也不利于经济发展，应当通过法律手段予以禁止。

## 什么是商业秘密？

商业秘密，是指不为公众所知悉、能为权利人带来经济利益、具有实用性并经权利人采取保密措施的设计资料、程序、产品配方、制作工艺、制作方法、管理诀窍、客户名单、货源情报、产销策略等技术信息和经营信息。

## 竞业限制包括哪些人员？

竞业限制的人员限于用人单位的高级管理人员、高级技术人员和其他负有保密义务的人员。高级管理人员，是指公司的经理、副经理、财务负责人，上市公司董事会秘书和公司章程规定的其他人员。

## 什么是竞业限制协议？

竞业限制协议，是指用人单位与承担保密义务的劳动者签订的关于保守用人单位商业秘密与知识产权的协议。在竞业限制协议中，用人单位与劳动者可以约定竞业限制的范围、地域、期限、违约金和对竞业限制人员的补偿等，但竞业限制的约定不得违反法律法规的规定。

## 竞业限制期限最长为多少？

按照劳动合同法的规定，在解除或者终止劳动合同后，竞业限制的人员到与本单位生产或者经营同类产品、从事同类业务的有竞争关系的其他用人单位，或者自己开业生产或者经营同类产品、从事同类业务的竞业限制期限，不得超过 2 年。

## 什么是竞业限制经济补偿？

竞业限制经济补偿，是指用人单位与劳动者约定劳动者接受竞业限制，而由用人单位在劳动合同解除或者终止后的竞业限制期限内按月支付劳动者的货币。

## 竞业限制经济补偿有哪些特点？

竞业限制经济补偿的特点：

1. 竞业限制经济补偿是用人单位向劳动者支付的。劳动者由于受到竞业限制，自己擅长的对自己有利的劳动技能不能用来谋生，生存能力随之受到一定的限制。所以用人单位必须支付劳动者一定的经济补偿，以补偿劳动者由于受到一定限制而遭受的损失。

2. 竞业限制经济补偿在竞业限制期限内支付。竞业限制期限从劳动合同解除或者终止之日起算，至竞业限制期满为止，竞业限制经济补偿只在此期间支付。由于劳动者竞业限制义务与用人单位支付竞业限制经济补偿的义务是相对应的，在劳动合同解除或者终止之前支付，对用人单位不公平，在竞业限制期满后支付对劳动者不公平。

3. 竞业限制经济补偿按月支付。如前所述，劳动者竞业限制义务与用人单位支付竞业限制经济补偿的义务是相对应的，双方应当同时履行。如果一方没有履行，用人单位没有按月支付，或者劳动者未履行竞业限制义务，则另一方可以提出同时履行抗辩，以对方未履行义务为由暂停履行义务。当然劳动者履行竞业限制义务，除了用人单位按月支付竞业限制经济补偿之外，还受既定协议的约束。

## 如何对竞业限制的人员进行补偿？

基于公平对等原则，为补偿劳动者因择业自由受到一定限制而遭受的损失，保护劳动者的生存权利，法律规定，用人单位要给予竞业限制人员一定的补偿金。至于给予多少，劳动合同法等相关法律并没有作出具体规定，但允许双方进行约定。并规定在竞业限制期限内按月给予劳动者经济补偿。在实际工作中，有些地方作出了地方性规定，如浙江省宁波市规定，企业应当向被限制人支付的年补偿费不得低于该员工离职前一年的报酬总额的二分之一。《珠海市企业技术秘密保护条例》规定，企业与员工约定竞业限制的，在竞业限制期间年补偿不得低于该员工离职前一年从该企业获得的年报酬总额的二分之一。

竞业限制是对劳动能力的限制，不是丧失。按 100％的补偿标准企业难以承受，过高补偿就可能把企业拖垮，不利于更多的人就业。在西方国家中法国的这一标准是最高的，也仅达到 50％。

## 劳动者违反竞业限制规定应该承担什么责任？

劳动者违反竞业限制规定应该承担两种责任：

1. 支付违约金。劳动合同法规定，劳动者违反竞业限制约定的，应当按照约定向用人单位支付违约金。但对违反竞业限制规定的违约金数额，法律并没有规定。从国外的规定看，违约金数额也多按照双方约定执行，如果约定数额过高或过低，可以通过司法机关根据违约造成的实际损失大小来做具体的调整。劳动合同法也采取了这种处理办法，对违反竞业限制的违约金数额，允许双方自行约定。按照一般惯例，违约金的支付数额是“根据违约情况”确定的，即违约金的约定应当估计到一方违约而可能给另一方造成的损失，而不得约定与损失不相称的违约金数额。比如，劳动合同法（草案）曾经规定，劳动者违反竞业限制约定而应支付的违约金数额不得超过用人单位向劳动者支付的竞业限制经济补偿的3倍。

2. 支付赔偿金。劳动合同法还规定，劳动者违反本法规定解除劳动合同，或者违反劳动合同中约定的保密义务或者竞业限制，给用人单位造成损失的，应当承担赔偿责任。

## 法律对竞业限制有哪些限制性规定？

劳动合同法对竞业限制作出了如下限制性规定：

1. 竞业限制的人员限于用人单位的高级管理人员、高级技术人员和其他负有保密义务的人员。

2. 竞业限制的约定不得违反法律法规的规定。

3. 竞业限制期限，不得超过2年。

## 什么是赔偿金？

赔偿金，是指合同违约方依法支付给对方的一定数额的金钱。赔偿金主要具有赔偿性质，用于补偿对方所受到的损失。它是一种违法所必须付出的代价。

## 什么是违反劳动合同赔偿金？

违反劳动合同赔偿金，是指劳动合同一方在未按法律规定解除或终止劳动合同并给对方造成损失时，依法支付给对方的一定数额的金钱。这是一种惩罚性赔偿。

## 赔偿金与违约金有什么区别？

违约金，是指一方当事人由于过错不履行或不完全履行合同，应当依照合同的约定或由法律的规定，支付给另一方一定数量的货币。赔偿金是指合同当事人一方违反合同约定，而给对方造成损失的，应给予一定数量货币进行赔偿。它们之间的主要区别在于：

违约金责任不以发生实际损失为条件，即使违约的结果并未发生任何实际损害，也不影响对违约人追究违约金责任。违约金数额在一般情况下与实际的损失是否存在及损失大小无关，法院也不要求对损失举证，因而在追索程序上比损失赔偿责任简便。尤其是对于某些因违约所造成的实际损失无法计算和无法证明的合同，适用违约金责任十分方便，它免去了适用损害赔偿责任时当事人无法回避的举证困难。这是违约金责任在现代各国合同实践中广泛适用的主要原因。给付赔偿金的前提必须是一方违反合同约定，给另一方造成了实际损失。同时，如果违约方给另一方造成的损失超过违约金的，则还应给付赔偿金，以补偿违约金之不足。

## 在哪些情形下用人单位应向劳动者支付赔偿金？

按照劳动合同法的规定，在下列情形下用人单位应向劳动者支付赔偿金：

1. 用人单位直接涉及劳动者切身利益的规章制度违反法律法规规定的，由劳动行政部门责令改正，给予警告；给劳动者造成损害的，应当承担赔偿责任。

2. 用人单位提供的劳动合同文本未载明劳动合同法规定的劳动合同必备条款或者用人单位未将劳动合同文本交付劳动者的，由劳动行政部门责令改正；给劳动者造成损害的，应当承担赔偿责任。

3. 用人单位违反规定与劳动者约定试用期的，由劳动行政部门责令改正；违法规定的试用期已经履行的，由用人单位以劳动者试用期满月工资为标准，按已经履行的超过法定试用期的期间向劳动者支付赔偿金。

4. 用人单位违反规定，以担保或者其他名义向劳动者收取财物的，由劳动行政部门责令限期退还劳动者本人，并以每人500元以上2000元以下的标准处以罚款；给劳动者造成损害的，应当承担赔偿责任。

5. 劳动者依法解除或者终止劳动合同，用人单位扣押劳动者档案或者其他物品的，给劳动者造成损害的，应当承担赔偿责任。

6. 未按照劳动合同的约定或者国家规定及时足额支付劳动者劳动报酬的，由劳动行政部门责令限期支付。逾期不支付的，用人单位向劳动者加付赔偿金。

7. 低于当地最低工资标准支付劳动者工资的，由劳动行政部门责令限期补齐。逾期不支付的，用人单位向劳动者加付赔偿金。

8. 安排加班不支付加班费的，由劳动行政部门责令限期支付。逾期不支付的，用人单位向劳动者加付赔偿金。

9. 解除或者终止劳动合同，未依照本法规定向劳动者支付经济补偿的，由劳动行政部门责令限期支付。逾期不支付的，用人单位向劳动者加付赔偿金。

10. 由于用人单位过错使得劳动合同依法被确认无效，给劳动者造成损害的，应当承担赔偿责任。

11. 用人单位违法解除或者终止劳动合同的，应当依照劳动合同法第四十七条规定的经济补偿标准的 2 倍向劳动者支付赔偿金。

12. 用人单位以暴力、威胁或者非法限制人身自由的手段强迫劳动，给劳动者造成损害的，应当承担赔偿责任。

13. 用人单位违章指挥或者强令冒险作业危及劳动者人身安全，给劳动者造成损害的，应当承担赔偿责任。

14. 用人单位侮辱、体罚、殴打、非法搜查或者拘禁劳动者，给劳动者造成损害的，应当承担赔偿责任。

15. 用人单位劳动条件恶劣、环境污染严重，给劳动者身心健康造成严重损害的，应当承担赔偿责任。

16. 用人单位违法未向劳动者出具解除或者终止劳动合同的书面证明，由劳动行政部门责令改正；给劳动者造成损害的，应当承担赔偿责任。

## 为什么用人单位违法解除或者终止劳动合同要支付相当于经济补偿 2 倍的赔偿金？

根据劳动合同法第四十八条的规定，用人单位违法解除劳动合同有以下两种后果：

1. 劳动者要求继续履行劳动合同的，用人单位应当继续履行。

2. 劳动者不要求继续履行劳动合同或者劳动合同已经不能继续履行的，用人单位应当依照法律规定的标准支付赔偿金。且应当依照劳动合同法第八十七条规定的经济补偿标准的 2 倍向劳动者支付赔偿金。

之所以这样规定，就是为了防止用人单位滥用解雇权，加强对劳动者权益的保护。在用人单位违法解除劳动合同的情况下，劳动者具有要求用人单位继续履行劳动合同和要求用人单位按照高于法律规定的经济补偿标准支付赔偿金的选择权。

## 用人单位违法解除或者终止劳动合同赔偿金的计算年限从什么时候开始?

按照劳动合同法实施条例的规定，用人单位违法解除或者终止劳动合同赔偿金的计算年限自用工之日起计算。

## 在哪些情形下劳动者应向用人单位支付赔偿金?

按照劳动合同法的规定，在下列情形下劳动者应向用人单位支付赔偿金：

1. 由于劳动者过错使得劳动合同依法被确认无效，给用人单位造成损害的，应当承担赔偿责任。具体地说，劳动者以欺诈、胁迫的手段或者乘人之危，使对方在违背真实意思的情况下订立或者变更劳动合同，或劳动者违反法律、行政法规强制性规定而与用人单位签订的劳动合同。

2. 劳动者违法解除劳动合同，给用人单位造成损失的，应当承担赔偿责任。

3. 劳动者违反劳动合同中约定的保密义务或者竞业限制，给用人单位造成损失的，应当承担赔偿责任。

## 什么是连带责任？

连带责任是我国民事立法中的一项重要民事责任制度。连带责任与按份责任是相对的概念，它是指两个以上的债务人，共同负责履行清偿同一债务的行为。债权人有权要求负连带债务的人中的全体、部分或任何一个人清偿全部或部分债务。负有连带责任的每一个债务人，都负有清偿全部债务的义务。履行了义务的人，有权要求其他负有连带责任的人偿付他应承担的份额。连带责任目的在于补偿救济，加重民事法律关系当事人的法律责任，有效地保障债权人的合法权益。

具体地说：

1. 连带责任是一种多数主体责任，即与债权人相对应的债务人在数量上为两个以上。

2. 连带责任是违反法律义务所承担的民事责任。这种法律义务首先是合同法上的义务，即给付义务，表现为作为。合同法上的义务可以是合同当事人的约定（如约定的连带保证责任），也可以是对合同当事人权利义务的法定（如法定的合伙人对合伙债务的连带责任）。其次是侵权法上的义务，即不得侵害他人人身、财产权益的义务，表现为不作为（如共同侵权的连带责任）。

3. 连带责任人中任何一人对违反法律义务的后果都必须负全部责任。

## 什么是按份责任？

按份责任，又称分割责任，是连带责任的对应概念，是指责任人为多人时，各责任人按照一定的份额向债务人承担民事责任，各债务人之间无连带关系。按份责任人之间不具有连带关系。在法律上，各按份责任人对同一债务仅就规定或约定的特定份额负责，责任人对其他责任人的债务份额不承担责任；债权人只能就按份责任人应负的责任份额请求执行；某一按份责任的履行只引起特定责任份额的消灭，不影响其他责任份额的存在；此外，在按份责任中，对某一责任人发生效力的免责事由并不当然地对其他责任人发生效力。

## 在哪些情形下用人单位因用工行为需承担连带赔偿责任？

按照劳动合同法的规定，用人单位在下列情形下应该承担连带赔偿责任：

1. 用人单位招用与其他用人单位尚未解除或者终止劳动合同的劳动者，给其他用人单位造成损失的，应当承担连带赔偿责任。

2. 用工单位给被派遣劳动者造成损害的，劳务派遣单位与用工单位承担连带赔偿责任。

3. 个人承包经营违反法律规定招用劳动者，给劳动者造成损害的，发包的组织与个人承包经营者承担连带赔偿责任。

## 不具备合法经营资格的用人单位是否应承担赔偿责任？

劳动合同法规定，对不具备合法经营资格的用人单位的违法犯罪行为，依法追究法律责任；劳动者已经付出劳动的，该单位或者其出资人应当依照本法有关规定向劳动者支付劳动报酬、经济补偿、赔偿金；给劳动者造成损害的，应当承担赔偿责任。

## 什么是经济补偿金？

经济补偿金，是指在劳动者无过失的情况下，用人单位解除与劳动者的劳动关系时，依照法律规定、按照一定标准、一次性向劳动者支付的补助。经济补偿是一类与劳动者密切相关的重大经济利益。在国外的一些法律中，这种经济补偿称作离职费或遣散费。

## 设立经济补偿的目的是什么？

设立经济补偿，主要是给暂时失去工作的劳动者提供帮助，以维持其基本生活。劳动者在重新找到新的工作前，没有收入来源，经济补偿金就是帮助劳动者度过这一失业阶段。同时，经济补偿金也提高了用人单位解除劳动合同的成本，可以限制用人单位随意解除与劳动者的劳动关系，有助于保护劳动者的权益和社会稳定。

## 经济补偿金与赔偿金之间存在什么关系？

经济补偿金与赔偿金是相互区别又相互联系的。它们的区别在于：

经济补偿金是用人单位根据法律规定的条件与职工解除或者终止劳动合同时，给付职工的一笔金钱。前提是用人单位依法解除劳动合同，解除劳动合同不是职工要求的，解除劳动合同后职工在找到新的工作之前生活有一定的困难。赔偿金是用人单位违反法律规定的条件与职工解除或者终止劳动合同时，给职工的一笔金钱。前提是用人单位解除或者终止劳动合同没有法律依据，由于用人单位的违法行为造成了职工的失业。它们的联系是，用人单位违反劳动合同法的规定解除或者终止劳动合同，依照劳动合同法第八十七条的规定支付了赔偿金的，不再支付经济补偿。也就是说，支付了赔偿金就不用再支付经济补偿金了。

## 关于经济补偿的标准有哪些规定？

劳动合同法对经济补偿的标准作了如下规定：

1. 经济补偿按劳动者在本单位工作的年限，每满 1 年支付 3 个月工资的标准向劳动者支付。6 个月以上不满 1 年的，按 1 年计算；不满 6 个月的，向劳动者支付半个月工资的经济补偿。

2. 劳动者月工资高于用人单位所在直辖市、设区的市级人民政府公布的本地区上年度职工月平均工资 3 倍的，向其支付经济补偿的标准按职工月平均工资 3 倍的数额支付，向其支付经济补偿的年限最高不超过 12 年。

3. 计算经济补偿依据的“月工资”是指劳动者在劳动合同解除或者终止前 12 个月的平均工资。

## 对计算经济补偿依据的“月工资”有哪些规定？

劳动合同法实施条例第二十七条对计算经济补偿依据的“月工资”作出了具体规定：

1. 月工资按照劳动者应得工资计算，包括计时工资或者计件工资以及奖金、津贴和补贴等货币性收入。

2. 劳动者在劳动合同解除或者终止前 12 个月的平均工资低于当地最低工资标准的，按照当地最低工资标准计算。

3. 劳动者工作不满 12 个月的，按照实际工作的月数计算平均工资。

## 哪些情形下用人单位解除与劳动者的劳动合同可以不支付经济补偿？

如果劳动者存在过错，用人单位可以随时通知劳动者解除劳动合同，这叫作过失性解除劳动合同。这种解除，可以不支付经济补偿金。根据劳动合同法第三十九条规定，劳动者有下列六种情形之一的，用人单位可以解除劳动合同：

1. 在试用期间被证明不符合录用条件的。

2. 严重违反用人单位的规章制度的。

3. 严重失职、营私舞弊、给用人单位造成重大损害的。

4. 劳动者同时与其他用人单位建立劳动关系，对完成本单位的工作任务造成严重影响，或者经用人单位提出，拒不改正的。

5. 以欺诈、胁迫的手段或者乘人之危，使对方在违背真实意思的情况下订立或者变更劳动合同，致使劳动合同无效的。

6. 被依法追究刑事责任的。

## 哪些情形下解除劳动合同用人单位必须支付经济补偿？

按照劳动合同法的规定，有下列情形之一的，用人单位应当向劳动者支付经济补偿：

1. 用人单位未按照劳动合同约定提供劳动保护或者劳动条件，由劳动者提出解除劳动合同的。

2. 用人单位未及时足额支付劳动报酬，由劳动者提出解除劳动合同的。

3. 用人单位未依法为劳动者缴纳社会保险费，由劳动者提出解除劳动合同的。

4. 用人单位的规章制度违反法律法规的规定，损害劳动者权益，由劳动者提出解除劳动合同的。

5. 因用人单位以欺诈、胁迫的手段或者乘人之危，使对方在违背真实意思的情况下订立或者变更劳动合同，致使劳动合同无效，由劳动者提出解除劳动合同的。

6. 用人单位免除自己的法定责任、排除劳动者权利，致使劳动合同无效，由劳动者提出解除劳动合同的。

7. 用人单位违反法律、行政法规强制性规定，致使劳动合同无效，由劳动者提出解除劳动合同的。

8. 在法律、行政法规规定劳动者可以解除劳动合同的其他情形下，由劳动者提出解除劳动合同的。

9. 用人单位依照向劳动者提出解除劳动合同并与劳动者协商一致解除劳动合同的。

10. 劳动者患病或者非因工负伤，在规定的医疗期满后不能从事原工作，也不能从事由用人单位另行安排的工作，由用人单位解除劳动合同的。

11. 劳动者不能胜任工作，经过培训或者调整工作岗位，仍不能胜任工作，由用人单位解除劳动合同的。

12. 劳动合同订立时所依据的客观情况发生重大变化，致使劳动合同无法履行，经用人单位与劳动者协商，未能就变更劳动合同内容达成协议，由用人单位解除劳动合同的。

13. 用人单位依照企业破产法规定进行重整，由用人单位解除劳动合同的。

14. 用人单位生产经营发生严重困难，由用人单位解除劳动合同的。

15. 企业转产、重大技术革新或者经营方式调整，经变更劳动合同后，仍需裁减人员，由用人单位解除劳动合同的。

16. 其他因劳动合同订立时所依据的客观经济情况发生重大变化，致使劳动合同无法履行，由用人单位解除劳动合同的。

17. 法律、行政法规规定的其他情形。

## 用人单位违法解除或者终止劳动合同，依法支付了赔偿金的，是否还需要支付经济补偿？

劳动合同法实施条例第二十五条规定，用人单位违反劳动合同法的规定解除或者终止劳动合同，依照劳动合同法第八十七条的规定支付了赔偿金的，不再支付经济补偿。赔偿金的计算年限自用工之日起计算。

## 哪些情形下终止劳动合同用人单位必须支付经济补偿？

按照劳动合同法的规定，有下列情形之一的，用人单位应当向劳动者支付经济补偿：

1. 除用人单位维持或者提高劳动合同约定条件续订劳动合同，劳动者不同意续订的情形外，劳动合同期满的，终止固定期限劳动合同的。

2. 因用人单位被依法宣告破产而终止劳动合同的。

3. 因用人单位被吊销营业执照、责令关闭、撤销或者用人单位决定提前解散，而终止劳动合同的。

## 以完成一定工作任务为期限的劳动合同终止需要支付经济补偿吗？

按照劳动合同法实施条例的规定，以完成一定工作任务为期限的劳动合同因任务完成而终止的，用人单位应当依照劳动合同法第四十七条的规定向劳动者支付经济补偿。

## 为什么以完成一定工作任务为期限的劳动合同终止时也要支付经济补偿？

劳动合同法颁布后，关于以完成一定工作任务为期限的劳动合同因工作任务完成终止时是否支付经济补偿的问题，争论非常大。一种意见认为，以完成一定工作任务为期限的劳动合同一般适用于季节性、临时性的工作岗位。劳动合同法第四十六条第五项明确排除以完成一定工作任务为期限的劳动合同因工作任务完成终止时支付经济补偿，因此无须支付；另一种意见认为，以完成一定工作任务为期限的劳动合同并不仅仅局限在临时性、季节性的工作岗位，有的工程或项目持续时间较长，用人单位不支付经济补偿的话，对劳动者不公平。

经反复征求意见，多数意见认为，首先，从经济补偿的性质来看，非因劳动者过失而导致劳动合同解除或终止时，用人单位应支付相应的经济补偿。以完成一定工作任务为期限的劳动合同因工作任务完成终止后，劳动者被动失去工作，用人单位应当支付经济补偿，以保障劳动者在失去工作的一定时间内生活不至于产生困难，缓解劳动者被动失去工作对社会稳定可能造成的压力。其次，以完成一定工作任务为期限的劳动合同与固定期限劳动合同在性质上类似。如果以完成一定工作任务为期限的劳动合同因工作任务完成而终止时没有经济补偿，一些用人单位受经济利益的驱使，可能会采用大量订立以完成一定工作任务为期限的劳动合同以规避法定义务。吸收多数意见，劳动合同法实施条例规定，以完成一定工作任务为期限的劳动合同因任务完成而终止的，用人单位应当依照劳动合同法第四十七条规定的经济补偿标准向劳动者支付经济补偿。这样的规定，既体现了公平合理，又有利于维护劳动者的合法权益，防止用人单位滥用以完成一定工作任务为期限的劳动合同规避法定义务。

## 什么是医疗期？

根据《企业职工患病或非因工负伤医疗期规定》，医疗期是指企业职工因患病或者非因工负伤停止工作治病休息不得解除劳动合同的时限。职工因患病或者非因工负伤，需要停止工作医疗时，根据本人实际参加工作年限和在本单位工作年限，给予 3 个月到 24 个月的医疗期。

1. 实际工作年限10年以下的：在本单位工作年限5年以下的为3个月；5年以上的为6个月。

2. 实际工作年限10年以上的：在本单位工作年限5年以下的为6个月；5年以上10年以下的为9个月；10年以上15年以下的为12个月；15年以上20年以下的为18个月；20年以上的为24个月。

## 医疗期内用人单位解除劳动合同是否需要支付经济补偿金?

医疗期内用人单位解除劳动合同不用支付经济补偿金，但需要支付赔偿金。医疗期内用人单位解除劳动合同是违法解除劳动合同，按照劳动合同法的规定，用人单位违法解除或者终止劳动合同需要支付相当于经济补偿金2倍的赔偿金。

## 用人单位解除医疗期期满后劳动合同需给医疗补助费吗?

按照有关规定，劳动者患病或者非因工负伤，经劳动鉴定委员会确认不能从事原工作，也不能从事用人单位另行安排的工作而解除劳动合同的，用人单位解除劳动合同时，除应按其在本单位的工作年限，每满1年发给相当于1个月工资的经济补偿金外，同时还应发给不低于6个月工资的医疗补助费。患重病和绝症的还应增加医疗补助费，患重病的增加部分不低于医疗补助费的50%，患绝症的增加部分不低于医疗补助费的100%。

## 用人单位依法终止工伤职工劳动合同，除支付经济补偿外，是否还需要支付其他费用?

劳动合同法实施条例第二十三条规定，用人单位依法终止工伤职工的劳动合同的，除依照劳动合同法第四十七条的规定支付经济补偿外，还应当依照国家有关工伤保险的规定支付一次性工伤医疗补助金和伤残就业补助金。

### 什么是代通知金?

代通知金，是指用人单位为未提前通知劳动者解除劳动合同而向劳动者提供的赔偿金。按照劳动合同法规定，用人单位在解除合同时需提前 1 个月通知劳动者（劳动者有劳动合同法第三十九条规定情形的除外），否则应额外支付其 1 个月的工资，通常把这笔钱称为代通知金。

### 协商一致解除劳动合同，用人单位一定要支付经济补偿金吗?

根据劳动合同法规定，用人单位与劳动者协商一致，由用人单位向劳动者提出解除劳动合同的，用人单位应当向劳动者支付经济补偿金。而由劳动者提出解除劳动合同的，单位则可以不支付经济补偿金。

### 为什么要对高收入劳动者的经济补偿进行封顶?

劳动合同法规定，劳动者月工资高于用人单位所在直辖市、设区的市级人民政府公布的本地区上年度职工月平均工资 3 倍的，向其支付经济补偿的标准按职工月平均工资 3 倍的数额支付，向其支付经济补偿的年限最高不超过 12 年。之所以作出这样的规定，主要考虑工资收入较高的劳动者，谈判能力较强，在劳动关系中并不总处于弱势地位，如果完全适用经济补偿的规定，体现不出经济补偿的性质和特点。同时，也会增加用人单位的负担。有鉴于此，劳动合同法在经济补偿方面对高收入劳动者作了一定限制。即从工作年限和月工资基数两个方面作了限制。

## 为什么劳动合同到期终止用人单位还要支付经济补偿？

劳动合同法规定，固定期限劳动合同期满后，用人单位不再与职工续签而导致劳动合同终止时，用人单位应当向劳动者支付经济补偿。这是劳动合同法的一个新突破，该规定可以使用人单位慎重考虑终止劳动合同，以经济手段引导用人单位与劳动者订立长期或者无固定期限劳动合同，鼓励长期、稳定的劳动关系。

## 为什么企业破产或倒闭用人单位还需支付经济补偿？

劳动合同法规定，用人单位被依法宣告破产的，用人单位被吊销营业执照、责令关闭、撤销或者用人单位决定提前解散而终止劳动合同的，用人单位应当向劳动者支付经济补偿。在上述情况下，劳动合同无法履行而不得不终止，是基于用人单位方面的原因而非劳动者过错造成的，因此用人单位应该向劳动者支付经济补偿。

## 经济补偿是否要分段计算？

经济补偿可以分段计算。按照劳动合同法规定，劳动合同法施行之日存续的劳动合同在该法施行后解除或者终止，依照该法第四十六条规定应当支付经济补偿的，经济补偿年限自该法施行之日起计算；该法施行前按照当时有关规定，用人单位应当向劳动者支付经济补偿的，按照当时有关规定执行。也就是说，经济补偿以 2008 年 1 月 1 日为标志，在这以前的，按照原来的规定，即按照劳动法和《违反和解除劳动合同的经济补偿办法》的规定执行，2008 年 1 月 1 日之后，按照劳动合同法规定执行。

## 终止劳动合同经济补偿从何时算起?

按照劳动合同法规定，终止劳动合同经济补偿从劳动合同法实施之日，即 2008 年 1 月 1 日算起。

## 用人单位未依法支付经济补偿的，如何处理?

劳动合同法规定，用人单位解除或者终止劳动合同，未依照本法规定向劳动者支付经济补偿，由劳动行政部门责令限期支付经济补偿；逾期不支付的，责令用人单位按应付金额 50% 以上 100% 以下的标准向劳动者加付赔偿金。

## 《劳务派遣暂行规定》增加了哪些支付经济补偿情形?

《劳务派遣暂行规定》规定，劳务派遣单位因劳动合同法第四十六条或者本规定第十五条、第十六条规定的情形，与被派遣劳动者解除或者终止劳动合同的，应当依法向被派遣劳动者支付经济补偿。具体来说，增加了三种支付经济补偿的情形：

1. 被派遣劳动者因用工单位有劳动合同法第四十条第三项、第四十一条规定情形被用工单位退回，劳务派遣单位重新派遣时维持或者提高劳动合同约定条件，被派遣劳动者不同意的，劳务派遣单位可以解除劳动合同。但需要支付经济补偿。

2. 被派遣劳动者因用工单位有劳动合同法第四十条第三项、第四十一条规定情形被用工单位退回，劳务派遣单位重新派遣时降低劳动合同约定条件，被派遣劳动者不同意，且提出解除劳动合同的。此种情形下也需要支付经济补偿。

3. 劳务派遣单位被依法宣告破产、吊销营业执照、责令关闭、撤销、决定提前解散或者经营期限届满不再继续经营的，劳动合同终止。此种情形下也需要支付经济补偿。

# 第七编

# 规章制度和招聘

## 什么是用人单位规章制度?

用人单位的规章制度，也称为内部规则，是企业内部的“法律”。它是用人单位根据国家有关法律法规及政策，结合本单位的实际情况制定的组织劳动过程和进行劳动管理的规则和章程的总和。国际劳工组织将“企业规章制度”定义为：“企业规章制度是对工作规则、企业规程、服务规则、就业规范、职场纪律的统称，适用于企业的全体从业人员或大部分从业人员。”通俗地讲，规章制度告诉员工什么事情可以做，做事的程序和标准是什么；什么事情不能做，做了之后将会受到怎样的惩罚；什么事情应该做，做了以后将会得到怎样的奖励。规章制度内容广泛，包括了用人单位经营管理的各个方面。如劳动合同管理、工资管理、社会保险福利待遇、工时休假、职工奖惩，以及其他劳动管理规定。

## 建立规章制度是用人单位的法定义务吗?

劳动合同法规定，用人单位应当依法建立和完善劳动规章制度，保障劳动者享有劳动权利、履行劳动义务。这里使用的是“应当”一词，也就表明，建立规章制度是用人单位的法定义务和责任。

## 规章制度有哪些特点?

并不是所有在企业里存在的文件都是企业规章制度，规章制度具有以下六个方面的特点，不具备这些特点的企业文件不属于规章制度：

1. 长期性。规章制度是对企业较长一段时期内经营管理进行规范和约束的文件，规章制度一旦形成，将保持较长时间的稳定性。

2. 普适性。规章制度是对企业一定范围经营管理行为进行规范和约束的文件，规章制度一旦形成将对适用范围之内的所有人员有效，不管职位高低或是权限大小。

3. 强制性。规章制度是刚性的，一旦颁布，适用范围内的员工均必须遵守和执行，没有讨价还价和打折扣的余地。

4. 自主性。规章制度的制定主体是用人单位，属于用人单位的自主行为。

5. 合法性。规章制度必须合法制定，包括制定主体的合法性、内容的合法性、程序的合法性。

6. 排他性。规章制度对于用人单位来说是一种管理工具，只限在本单位范围内使用，超出本单位就不起任何作用，规章制度规范的是劳动过程中的行为，凡是劳动过程之外的事项均不在此约束范围之内。

## 用人单位规章制度有哪些作用？

一般来说，用人单位规章制度有以下作用：

一是可以引导劳动者，明确自己有哪些权利以及如何去获得这些权利，肩负哪些义务，又如何去履行义务；

二是可以对劳动者的行为进行评价、衡量，劳动者根据企业规章制度就可以预测自己的行为会相应地产生哪种后果；

三是可以对劳动者产生教育的作用，使劳动者明白企业提倡哪些，反对哪些；

四是对于违反规章制度的行为具有制裁作用；

五是能够帮助企业理顺内部基本的劳动关系、实现民主管理；

六是可以作为人民法院审理劳动争议的依据，保障劳动关系双方当事人的权利义务的实现。

## 何谓规章制度的法律效力？

企业规章制度的法律效力，是指规章制度公布后，制度的内容对其所调整的对象具有法律意义上的约束力。也就是说，规章制度具有特定的约束性和强制性，是通过企业中强制性的行政权力来约束、规范、控制职工的行为的，并进而调整其与企业的劳动关系，规章制度可以产生法律意义上的后果。

## 用人单位规章制度有效必须具备哪些要件？

用人单位制定的规章制度是否有效，必须具备以下三项要件：

1. 规章制度制定主体必须合法。主体必须合法，主要是指企业规章制度制定主体必须具备符合法律规定的主体资格，主体合法有两个基本要求：一是用人单位的规章制度只能由本单位自己制定，而不能由另外的主体来制定；二是用人单位行政系统中处于最高层次，对于企业的各个组成部分和全体职工有权实施全面及统一管理的机构，才有权代表企业制定规章制度，企业行政机构之外的组织，例如党组织或者其他单位内部的组织，都不能成为制定规章制度的主体。

2. 规章制度内容必须合法。规章制度的内容合法，是指规章制度不能违反现行的法律法规。规章制度所包括的劳动合同管理、工资管理、社会保险福利管理、工时休假、职工奖惩等内容必须符合相关的法律规定，不能自行其是。

3. 规章制度制定程序必须合法。程序合法，是指必须经过协商程序、告知程序。

## 用人单位的规章制度可以作为人民法院审理劳动争议案件的依据吗？

《最高人民法院关于审理劳动争议案件适用法律若干问题的解释》第十九条规定，用人单位根据劳动法第四条之规定，通过民主程序制定的规章制度，不违反国家法律、行政法规及政策规定，并已向劳动者公示的，可以作为人民法院审理劳动争议案件的依据。

## 用人单位制定规章制度应该遵循什么原则？

在我国，用人单位制定规章制度应当遵循以下原则：

1. 合法性原则。规章制度是建立在我国社会主义法制的要求之上的，其内容和程序都必须符合法律法规的相关规定。

2. 民主原则。制定规章制度要广泛听取劳动者意见，保证员工在企业劳动管理中的主人翁精神的发挥和实现参与企业管理的权利。

3. 公开原则。规章制度要本着公开的精神，使得全体劳动者都知道规章制度，公开的内容包括规章制度内容的公开、方式和程序的公开，要采取公示的方式向全体劳动者正式公布。

4. 公正原则。制定规章制度要正确处理职工与企业双方关系、奖惩关系等，要做到公平、合情合理、正义、不偏不倚。

## 什么是单决权？

单决权，是指用人单位单独制定规章制度。持“单决权”观点的人认为，制定规章制度和决定重大事项是用人单位的经营管理自主权，是用人单位的“单决权”。用人单位在制定规章制度和决定重大事项时只要听取工会和职工的意见就可以了，规定经工会、职工大会或者职工代表大会讨论通过，如果意见不统一，势必造成规章制度或者重大事项久拖不决，用人单位的管理将无所适从。持“单决权”观点的人认为，如果强行规定共决权，就会限制用人单位的经营自主权，实践中无法操作。

## 什么是共决权？

共决权，是指由用人单位和劳动者共同制定规章制度。持“共决权”观点的人认为，规章制度的大多数内容与职工的权利密切相关，让广大职工参与规章制度的制定，可以有效地杜绝用人单位独断专行，防止用人单位利用规章制度侵犯劳动者的合法权益。

## 在我国，用人单位制定规章制度是单决还是共决？

劳动合同法规定，用人单位在制定、修改或者决定有关劳动报酬、工作时间、休息休假、劳动安全卫生、保险福利、职工培训、劳动纪律以及劳动定额管理等直接涉及劳动者切身利益的规章制度或者重大事项时，应当经职工代表大会或者全体职工讨论，提出方案和意见，与工会或者职工代表平等协商确定。在规章制度和重大事项决定实施过程中，工会或者职工认为不适当的，有权向用人单位提出，并通过协商予以修改完善。按照上述规定，规章制度的制定应当理解成是一种“共议单决权”。所谓共议，是指与职工代表大会或全体职工讨论，提出方案、意见；所谓单决，是指工会或职工代表与企业平等协商后由用人单位单方确定，这实际上也是一种先民主后集中的过程。公司法第十八条第三款规定：“公司研究决定改制以及经营方面的重大问题、制定重要的规章制度时，应当听取公司工会的意见，并通过职工代表大会或者其他形式听取职工的意见和建议。”说的也是这个意思。

## 在用人单位规章制度制定中工会有哪些权利和作用？

按照有关法律规定，在用人单位规章制度制定中工会有下列权利和作用：

1. 用人单位制定规章制度必须与工会或者职工代表平等协商确定。工会与企业进行协商，是工会的职责之一。工会法第六条规定，维护职工合法权益是工会的基本职责。工会通过平等协商和集体合同制度，协调劳动关系，维护企业职工的劳动权益。

2. 在规章制度和重大事项决定实施过程中，工会或者职工认为不适当的，有权向用人单位提出，通过协商予以修改完善。如果对规章制度存在异议，由工会成员或者职工代表提出，企业可以与职工就规章制度中的不同意见，召开全体职工大会，进行集体谈判，来解决对规章制度的异议问题。

3. 工会有审查企业规章制度的权利，如果认为其中存在不合法内容或者制定及修改程序上违法，有权依法要求用人单位纠正。

## 用人单位与工会进行平等协商包括哪些内容？

平等协商的内容包括，直接涉及劳动者切身利益的劳动报酬、工作时间、休息休假、劳动安全卫生、保险福利、职工培训、劳动纪律以及劳动定额管理等规章制度或者重大事项。

## 用人单位制定规章制度应遵循哪些程序？

根据劳动合同法规定，制定规章制度或者决定重大事项，应当经职工代表大会或者全体职工讨论，提出方案和意见，与工会或者职工代表平等协商确定。这就是说，制定规章制度要经过下列三步程序：第一步是经职工代表大会或者全体职工讨论；有职工代表大会的要经过职工代表大会讨论，没有职工代表大会的，要经过全体职工讨论；第二步是提出方案和意见；第三步是与工会或者职工代表平等协商确定。一般来说，企业建立了工会的，与企业工会协商确定；没有建立工会的，与职工代表协商确定。

## 如何确定规章制度是否适当？

用人单位的规章制度既要符合法律法规的规定，也要合理，符合社会道德。实践中有些用人单位的规章制度不违法，但不合理，不适当。如有的企业规章制度规定一顿饭只能几分钟吃完；一天只能上几次厕所，一次只能几分钟等。这些虽然不违反法律法规的规定，但不合理。在我国，对不适当的规章制度是有纠正机制的。如劳动合同法就规定，在规章制度实施过程中，工会或者职工认为用人单位的规章制度不适当的，有权向用人单位提出，通过协商作出修改完善。但规章制度是否适当，是相对的，不是绝对的。

## 规章制度是否要告知劳动者？

规章制度是劳动合同的一部分，要让劳动者遵守执行，首先应当让劳动者知道。因此，劳动合同法规定，直接涉及劳动者切身利益的规章制度应当公示，或者告知劳动者。实践中，用人单位可以选择不同的方式，如在企业的告示栏张贴告示、向每个劳动者发放员工手册，告知劳动者。无论哪种方式，只要让劳动者知道就可以。

## 如何公布规章制度？

进行公示或者告知劳动者的方式有很多，下面是一些比较常用的方式：

1. 印成册子发给劳动者。

2. 直接将规章作为劳动合同的附件，在劳动合同中专款约定“劳动者已经详细阅读，并愿遵守用人单位的《劳动规章制度》”，让劳动者在合同中进行签字。

3. 召开职工大会进行口头宣告。

4. 将用人单位的规章制度放在内部的网上，经由员工浏览，可以通过数据设计来记录员工的浏览情况，例如用工号来登录网站进行浏览，相关部门可以就记录情况来确定员工浏览情况，也可将用人单位的规章制度发送到员工的个人邮箱中。

5. 在厂区公共区域将规章内容全文公告，并且将公告的现场以拍照、录像等方式记录备案。

6. 召开全体职工大会或者组织全体职工进行集中学习、培训（注意一定要包括：培训时间、地点、参会人员、培训内容、与会人员签到）。

7. 进行相应规章制度的考试，并保留相应的试卷。

8. 委托工会进行公告。

## 劳动合同法颁布后，企业原有的规章制度是否仍然有效？

劳动合同法对企业规章制度的制定、完善提出了更高的要求，特别是规定规章制度要经过民主程序。因此，对于原有的规章制度来说，凡是没有经过协商的，不满足主体合法、内容合法、程序合法要求的，则无效，不能适用于本企业员工。而那些经过协商的，满足主体合法、内容合法、程序合法要求的，则继续有效，可以继续适用于本企业员工。

如果劳动合同法实施之后，工会或职工对现行各项制度有异议的，可以要求公司修改或完善。而且，在劳动合同法之后，企业必须严格按照该法的程序制定或完善各项规章制度。要检查现行的规章制度，应及时进行修改、补充。要修改那些不适用于新法规定的内容，要尊重法律赋予员工和工会在规章制度制定、实施过程中的权利。要与员工充分沟通，协商修改相应内容。要采取合适的方式公示或告知劳动者。

## 哪些法律赋予了劳动者参与制定规章制度的权利？

多部法律赋予了劳动者参与制定规章制度的权利：

1. 劳动法第八条规定：劳动者依照法律规定，通过职工大会、职工代表大会或者其他形式，参与民主管理或者就保护劳动者合法权益与用人单位进行平等协商。

2. 工会法第三十八条第一款规定：企业、事业单位研究经营管理和发展的重大问题应当听取工会的意见；召开讨论有关工资、福利、劳动安全卫生、社会保险等涉及职工切身利益的会议，必须有工会代表参加。

3. 公司法第十八条第三款规定：公司研究决定改制以及经营方面的重大问题、制定重要的规章制度时，应当听取公司工会的意见，并通过职工代表大会或者其他形式听取职工的意见和建议。

4. 全民所有制工业企业法第五十二条、《全民所有制工业企业转换经营机制条例》第十七条、城镇集体所有制企业条例第五十二条、中外合资经营企业法实施条例第九十八条、外资企业法实施细则第七十一条，等等，都规定了在企业规章制度制定过程中要经过员工民主参与。

5. 劳动合同法第四条规定，用人单位在制定、修改或者决定有关劳动报酬、工作时间、休息休假、劳动安全卫生、保险福利、职工培训、劳动纪律以及劳动定额管理等直接涉及劳动者切身利益的规章制度或者重大事项时，应当经职工代表大会或者全体职工讨论，提出方案和意见，与工会或者职工代表平等协商确定。

## 未经过民主程序的规章制度是否一定无效？

未经过民主程序的规章制度一定无效。这是因为，未经过民主程序的，就意味着程序不合法，程序不合法的规章制度一定是无效的。如果在制定规章制度时没有职工代表参与，只是董事会或其他什么组织的决议，没有满足民主程序这一标准，这样制定出来的规章制度不具有法律效力。

## 用人单位没有履行公示或者告知义务，其规章制度是否有效？

按照劳动合同法等法律规定，有效的规章制度必须具备三个条件，即经过民主程序、内容合法、对外公示，三个条件缺一不可，否则就会导致规章制度无效。

## 如何认定用人单位是否履行规章制度的告知义务？

企业规章制度作为用人单位所有成员普遍遵守的行为准则，如果要得到全面的执行，最基础也是最关键的前提就是应当为每一位成员所熟知，所以企业规章制度应当以合法的方式予以公布。一般来讲，按照现行的法律规定，规章制度只要进行“公示”即可。从法律角度讲，公示就是贴在大家都能看到的地方，就是达到了公示的目的。公示的效力并不取决于劳动者说自己看到没有，就像法律的公布，通常是公布在报纸上，但很多人也许没有看到，尽管如此，该法律仍然可以达到生效的目的。但企业要根据自身的特点，选择适合本企业的告示方式，尽量让所有的员工知道并明确企业规章制度，减少由于员工对规章制度的不知晓或不熟悉而导致的争议。

### 单位没有工会组织，规章制度的民主程序该如何进行？

按照劳动合同法等法律法规规定，用人单位在制定涉及劳动者切身利益的规章制度时，应当经过民主程序，这是职工参与用人单位民主管理的一项重要内容。劳动者与用人单位共同制定涉及职工切身利益的事项，体现民主参与，这也是目前许多国家在企业管理中的一种趋势。职工民主参与的形式有：通过工会、职工代表大会、全体职工大会。没有建立职工代表大会制度，同时也没有成立工会的，规章制度需经全体职工大会讨论通过。

### 下级非法人单位的规章制度与上级单位不一致时，执行哪一方面的规章制度？

如果下级单位是非法人单位，在法律上，与上级单位属于同一个用人单位，不同于“母公司与子公司”的关系，而是与“分公司和总公司”的关系一致。在这种关系下，上级用人单位可以通过法定程序将自己的规章制度直接适用于下级单位，下级单位可以不再单独制定规章制度。但上级单位要正确地履行“公示或告知劳动者”程序，通过合法有效的途径，将规章制度告知下级单位的劳动者。实际工作中，一些下级单位自己制定了规章制度。如果下级单位与上级单位的规章制度发生冲突，则以上级单位的规章制度来执行。

### 用人单位将没有经过民主程序的规章制度作为劳动合同附件，并经职工本人签字同意，是否有效？

用人单位制定的规章制度没有经过民主程序，作为规章制度是无效的，即它不能作为法律依据来普遍约束用人单位的所有员工。但是，当它作为劳动合同的附件，经劳动者本人签字，已经转化为劳动合同的条款时，对于签字的单个劳动者来说，只要这些条款不违反法律的规定，是必须履行劳动合同的义务，是有效的。劳动者违反这些规定，不是违反了规章制度的规定，而是违反了劳动合同的义务，是一种违约行为，同样应承担违约责任。因此，劳动者在签订劳动合同时一定要特别注意。

## 用人单位制定的规章制度中是否还能使用开除、除名和辞退等惩戒手段？

用人单位规章制度中关于惩罚违纪职工的规定，必须同法定的违纪罚则相符，必须贯彻教育为主、惩罚为辅的原则，不得侵犯职工合法权益。用人单位规章制度中使用开除、除名和辞退等惩戒措施，带有计划经济色彩和强烈的人身污辱属性，同时，还是一种行政处罚措施，具有公权力性质。这些措施在《企业职工奖惩条例》废止后，已经失去了法律依据。企业要适应这种转变，及时修订规章制度，规范使用惩戒措施的名称。对于原来需要采取开除、除名和辞退等惩戒手段的劳动者，一律应改为依照劳动合同法的规定解除或终止劳动合同。

## 在用人单位的规章制度中能否规定罚款？

罚款对于用人单位来说，有一定的积极作用，是一种行之有效的管理方式。用人单位罚款的性质与行政处罚法规定的罚款的性质是不一样的。行政处罚法规定的罚款是一方对另一方经济资源的单方剥夺，因此必须有严格的法律依据。但是用人单位的罚款是用人单位依据双方自愿订立的劳动合同，对本单位劳动者进行劳动管理的一种方式。因此，企业可以在依法制定规章制度中使用罚款手段，职工必须严格遵守。如果职工违反企业的规章制度，企业有权进行罚款，但是罚款的数额和罚款的次数要严格限制，要适度。一般来说，处罚金额不得超过工人本人月标准工资的20%，罚款后剩余金额不得低于当地的最低工资标准。职工对该惩罚（包括罚款）不服的，有申辩权，还有向劳动仲裁部门提起劳动仲裁的权利。但用人单位采用这一措施一定要慎重，尽量少用或不用这一处罚措施。采用其他替代方式，如用绩效工资、赔偿损失、减薪等。

## 企业发生合并、分立后，其原有的规章制度如何规范？

企业的合并、分立所产生的用人主体的变化，必然会给原有的规章制度运行带来影响。一般来说，企业吸收合并的，原并入企业的规章制度失效，合并企业的规章制度继续有效。但合并企业的规章制度吸收原并入企业的规章制度，要重新经过民主程序并经公示才能生效；企业新设合并的，原企业在合并过程中法人资格灭失，新组建企业办理设立登记手续取得法人资格后，原规章制度全部失效，新组建企业必须重新制定规章制度并经民主程序和公示程序才能生效。企业派生分立的，原存续企业的规章制度继续有效，新组建企业必须重新制定规章制度并经民主程序和公示程序才能生效；新设分立的，原企业的规章制度失效，新组建企业必须重新制定规章制度并经民主程序和公示程序才能生效。

## 国有企业改制为非国有企业后，其原有的规章制度是否继续有效？

国有企业改制为非国有企业只是用人单位的投资人发生了变化，它发生的影响是用人单位非组织实体因素变更，原主体并未灭失，只是相关因素发生变化，并不影响其作为用人单位的主体资格，也不影响其规章制度的效力。因此，国有企业改制为非国有企业后，其原有的规章制度继续有效。

## 旷工多少天用人单位可与劳动者解除劳动合同？

劳动纪律是职工在集体劳动中必须遵守的准则和规范。职工违反劳动纪律或用人单位的规章制度的行为主要包括：经常迟到早退、旷工，消极怠工，影响生产、工作秩序；玩忽职守，违反技术操作规程和安全规程，损坏设备、工具，浪费原材料、能源；服务态度差，经常与顾客吵架或损害消费者利益的。职工有上述行为时，企业应当及时进行教育，或根据规章制度进行处理。

旷工作为违反劳动纪律的一种行为，其处理方式可在用人单位的规章制度中规定。至于旷工多少天用人单位可以解除劳动合同，国家没有统一规定，具体界定属于单位自主权的范围。企业可以根据自身生产和经营性质来规定属于严重违反规章制度旷工的天数，如规定 1 个月旷工，如规定无故连续旷工 3 日以上或 1 个月以内累计旷工达 6 日以上的可以解除劳动合同。只要用人单位的规章制度不违反相关法律的规定，并且经过公示具有法律效力的话，就可以依据相关的规章制度执行。但是，这个规定必须是在一个相对合理的范畴，不能过于严苛。

## 劳务派遣人员是否适用用工单位的规章制度？

在劳务派遣用工的情况下，用工单位和被派遣劳动者之间没有一般意义上的劳动关系，只有用工管理关系。从一般劳动关系的角度来说，规章制度和劳动关系是同步的，用人单位的规章制度只适用与之有劳动关系的劳动者。但在劳务派遣中，规章制度与一般意义上的劳动关系相分离了。在劳动关系与劳动过程相分离的情况下，被派遣劳动者涉及用人单位和用工单位两个单位的规章制度。按照劳动合同法关于规章制度和劳务派遣的有关规定，被派遣劳动者与用工单位的关系密切，应该遵守用工单位的规章制度。同时也应该遵守派遣单位的规章制度。

## 对违法规章制度如何处理？

按照劳动合同法的规定，对违法规章制度有两种处理方式：

一是出现用人单位的规章制度违法情形时，允许劳动者以此为由随时提出解除劳动合同。劳动合同法第三十八条规定，用人单位的规章制度违反法律法规的规定，损害劳动者权益的，劳动者可以解除劳动合同。通过这种方式解除劳动合同的，用人单位还必须支付经济补偿。

二是由劳动行政部门责令改正。劳动合同法第三十八条规定，用人单位直接涉及劳动者切身利益的规章制度违反法律法规规定的，由劳动行政部门责令改正，给予警告；给劳动者造成损害的，应当承担赔偿责任。

## 什么是企业用工自主权？

用工自主权，是指用人单位依法招聘、使用、管理职工的权利。按照我国劳动法、劳动合同法、就业促进法等规定，我国企业可以自主招用人员。就业促进法第八条更是明确规定，用人单位依法享有自主用人的权利。

## 用人单位向社会公开招聘人员有哪些途径？

按照就业促进法等有关法律法规规定，用人单位向社会公开招聘人员的途径有：

1. 委托职业介绍机构。

2. 参加劳动力交流洽谈活动。

3. 利用劳动力市场信息网络发布招用信息。

4. 通过大众传播媒介发布招用信息。

5. 法律法规规定的其他途径。

## 用人单位公开招聘中禁止哪些行为？

按照就业促进法、劳动合同法等有关法律法规的规定，用人单位公开招聘中禁止以下行为：

1. 提供虚假招聘信息。

2. 非法招用未满 16 周岁的未成年人。

3. 招用无合法证件的人员。

4. 向求职人员收取招聘费用。

5. 向被录用人员收取保证金或抵押金等。

6. 扣押被录用人员的身份证等证件。

7. 委托未取得职业介绍许可证的机构招用人员。

8. 与职业介绍机构串通，从事骗取财物等违法活动。

9. 其他违法行为。

## 用人单位招用劳动者时，应当履行哪些告知义务？

劳动合同法第八条规定，用人单位招用劳动者时，应当如实告知劳动者工作内容、工作条件、工作地点、职业危害、安全生产状况、劳动报酬，以及劳动者要求了解的其他情况。因此，企业招工时，应当按照上述法律规定向员工披露真实情况，不能隐瞒。要使劳动者在真实意思表示的基础上签订劳动合同。

## 企业招工时有权了解哪些劳动者信息？

劳动合同法第八条规定，用人单位有权了解劳动者与劳动合同直接相关的基本情况，劳动者应当如实说明。也就是说，企业用工时，企业有权了解劳动者与劳动合同直接相关的基本情况，劳动者也应当如实说明。员工也应当对企业尽如实告知自己真实情况的义务，如学历、教育背景、年龄、专业、特长、对企业的真实想法等。

## 什么是职工名册？

职工名册，又称职工花名册，是指用人单位记录职工姓名、性别、公民身份证号码、户籍地址及现住址、联系方式、用工形式、用工起始时间、劳动合同期限等数据的表格册，一般由用人单位劳资或人事部门掌握。

## 建立职工名册是用人单位的法定义务吗？

劳动合同法第七条规定，用人单位自用工之日起即与劳动者建立劳动关系。用人单位应当建立职工名册备查。劳动合同法实施条例进一步细化了职工名册的内容，规定应当包括劳动者姓名、性别、公民身份证号码、户籍地址及现住址、联系方式、用工形式、用工起始时间、劳动合同期限等内容。

## 对违反劳动合同法有关建立职工名册规定的用人单位如何处理？

根据劳动合同法和劳动合同法实施条例的规定，用人单位未依法建立职工名册的违法行为包括两种情况：一是用工过程中未建立职工名册。用人单位在用工过程中没有按照法律规定建立职工名册，没有对劳动者姓名、身份证号码、劳动合同期限等进行专门记录和保管。二是未依照法定内容建立职工名册。

劳动合同法实施条例所规定的职工名册内容包括姓名、身份证号码、劳动合同期限等，这些为法定要求，用人单位在建立名册时必须具备这些基本内容，如果信息缺失，项目不全，则属于未依法建立职工名册。同时，一些用人单位为逃避某些法定义务，如社会保险费、订立劳动合同等，故意隐瞒劳动者数量不为全体劳动者订立名册或者建立虚假的职工名册，等等，这些行为都是属于未依法建立职工名册的情形。

对未依法建立职工名册的行为，劳动合同法实施条例第三十三条规定了相应的法律责任：一是责令限期改正。劳动行政部门作为职能管理部门，在检查中发现用人单位存在未依法建立职工名册的，通过下达限期改正指令书，要求用人单位在一定期限内改正违法行为，依法建立职工名册备查。二是罚款。对于一些用人单位存在的未依法建立职工名册的行为，经劳动行政部门责令改正后，用人单位逾期仍未建立职工名册的，由劳动行政部门处以 2000 元以上 2 万元以下的罚款。

## 什么叫劳动用工备案制度？

劳动用工备案制度是我国针对企业用工而建立的一项专门制度。按照这一制度的规定，用人单位新招用职工或与职工续订劳动合同的，应自招用或续订劳动合同之日起一定时间内进行劳动用工备案。用人单位与职工终止或解除劳动合同的，应在终止或解除劳动合同后一定时间内进行劳动用工备案。建立劳动用工备案制度，是社会主义市场经济条件下政府劳动保障行政部门履行社会管理和市场监管职能，加强对用人单位劳动用工宏观管理的重要措施，是规范劳动用工秩序，全面实施劳动合同制度，维护劳动者和用人单位双方合法权益的重要手段。

## 用人单位进行劳动用工备案应该报告哪些内容？

用人单位进行劳动用工备案的信息应当包括：用人单位名称、法定代表人、经济类型、组织机构代码，招用职工的人数、姓名、性别、公民身份证号码，与职工签订劳动合同的起止时间，终止或解除劳动合同的人数、职工姓名、时间等。各省、自治区、直辖市劳动和社会保障行政部门可根据实际需要适当增加备案信息。

## 什么是就业歧视？

就业歧视，是指条件相近的求职者在求职过程中，由于某些与个人能力无关因素的影响，自己不能够享有与他人平等的就业机会，从而使其平等就业权受到侵害的现象。这些与个人能力无关因素包括种族、肤色、宗教、政治见解、民族、社会出身、性别、户籍、残障或身体健康状况、年龄、身高、语言等。

## 关于就业歧视有哪些禁止性规定？

就业促进法有如下规定：

1. 劳动者依法享有平等就业和自主择业的权利。劳动者就业，不因民族、种族、性别、宗教信仰等不同而受歧视。用人单位招用人员，应当向劳动者提供平等的就业机会和公平的就业条件，不得实施就业歧视。

2. 国家保障妇女享有与男子平等的劳动权利。

3. 用人单位招用人员，除国家规定的不适合妇女的工种或者岗位外，不得以性别为由拒绝录用妇女或者提高对妇女的录用标准。用人单位录用女职工，不得在劳动合同中规定限制女职工结婚、生育的内容。

4. 各民族劳动者享有平等的劳动权利。用人单位招用人员，应当依法对少数民族劳动者给予适当照顾。

5. 国家保障残疾人的劳动权利。各级人民政府应当对残疾人就业统筹规划，为残疾人创造就业条件。用人单位招用人员，不得歧视残疾人。

6. 用人单位招用人员，不得以是传染病病原携带者为由拒绝录用。但是，经医学鉴定传染病病原携带者在治愈前或者排除传染嫌疑前，不得从事法律、行政法规和国务院卫生行政部门规定禁止从事的易使传染病扩散的工作。

7. 农村劳动者进城就业享有与城镇劳动者平等的劳动权利，不得对农村劳动者进城就业设置歧视性限制。

## 对实施就业歧视的企业如何处置？

就业促进法第六十二条规定，违反本法规定，实施就业歧视的，劳动者可以向人民法院提起诉讼。这就是说，人民法院可以依法对实施就业歧视的企业进行惩处。

## 对用人单位招用人员时扣押劳动者身份证如何处罚？

按照劳动合同法的规定，用人单位招用劳动者，不得扣押劳动者的居民身份证和其他证件。为了保证上述规定的落实，劳动合同法第八十四条第一款又进一步规定，用人单位违反本法规定，扣押劳动者居民身份证等证件的，由劳动行政部门责令限期退还劳动者本人，并依照有关法律规定给予处罚。

## 对用人单位招用人员时向劳动者收取财物如何处罚？

按照劳动合同法的规定，用人单位招用劳动者，不得要求劳动者提供担保或者以其他名义向劳动者收取财物。为了保证上述规定的落实，劳动合同法第八十四条第二款进一步规定，用人单位违反本法规定，以担保或者其他名义向劳动者收取财物的，劳动行政部门可责令用人单位限期退还劳动者本人，并以每人 500 元以上 2000 元以下的标准处以罚款；给劳动者造成损害的，还应当承担赔偿责任。

## 劳动合同法所禁止的“担保”是不是仅指物的担保？

劳动合同法规定，用人单位招用劳动者，不得要求劳动者提供担保。这里所禁止的“担保”，不仅仅是指物的担保，还指人的担保。也就是说，用人单位招用人员不仅不能收取钱物等抵押金，也不能要求劳动者提供担保人。

## 什么是童工？

童工，是指未满 16 周岁的未成年人。一般将用人单位招用不满 16 周岁的未成年人的行为，统称使用童工。国家禁止使用童工。按照我国有关法律法规的规定，国家机关、社会团体、企业事业单位、民办非企业单位或者个体工商户均不得招用不满 16 周岁的未成年人。

## 对招用童工的有哪些处罚措施？

自主招工是企业的权利。但企业不能招用不满 16 周岁的童工。这是红线。按照劳动法等有关法律和《禁止使用童工规定》规定，用人单位使用童工的，由劳动保障行政部门按照每使用 1 名童工每月处 5000 元罚款的标准给予处罚；在使用有毒物品的作业场所使用童工的，按照《使用有毒物品作业场所劳动保护条例》规定的罚款幅度，或者按照每使用 1 名童工每月处 5000 元罚款的标准，从重处罚。劳动保障行政部门并应当责令用人单位限期将童工送回原居住地交其父母或者其他监护人，所需交通和食宿费用全部由用人单位承担。

用人单位经劳动保障行政部门依照前款规定责令限期改正，逾期仍不将童工送交其父母或者其他监护人的，从责令限期改正之日起，由劳动保障行政部门按照每使用 1 名童工每月处 1 万元罚款的标准处罚，并由工商行政管理部门吊销其营业执照或者由民政部门撤销民办非企业单位登记；用人单位是国家机关、事业单位的，由有关单位依法对直接负责的主管人员和其他直接责任人员给予降级或者撤职的行政处分和纪律处分。

拐骗童工，强迫童工劳动，使用童工从事高空、井下、放射性、高毒、易燃易爆以及国家规定的第四级体力劳动强度的劳动，使用不满 14 周岁的童工，或者造成童工死亡或者严重伤残的，依照刑法关于拐卖儿童罪、强迫劳动罪或者其他罪的规定，依法追究刑事责任。